倍賞千恵子の現場

倍賞千恵子
Baisho Chieko

PHP新書

はじめに

東京・浅草ビューホテルの十九階。部屋のカーテンをさっと開けたら、青空にそびえる真っ白なスカイツリーが目に飛び込んできました。

仕事で訪れた久々の浅草でした。ビューホテルが建っているのは、もともとSKD（松竹歌劇団）の本拠地だった浅草国際劇場があった場所です。

そうだ、私はここでSKDの一団員として踊っていたんだ——。

中学を卒業してSKD付属の松竹音楽舞踊学校に通った三年間。舞台実習として、国際劇場でフランク永井さんや村田英雄さん、クレイジー・キャッツのみなさん、若山富三郎さんのショーに出ていました。あれからもう半世紀。

卒業後は正式に第十三期生の団員となり、最初の本公演では華やかなラインダンスを踊りました。首席で卒業したので、「東京踊り」本公演のフィナーレでバトンガールに選ばれたんですが、入団から一年も経たずにスカウトされて、初めて映画『斑女』（一九六一年、中村登監督）に出るんです。

泣いたり笑ったり、焦ったりワクワクしたり。キラキラした思い出が詰まった場所が、今はホテルになって、そこでまた仕事をする。時間と空間が交わって、なんだかすごく不思議な感じがしました。

当時のことに思いをはせていたら、記憶が水の泡みたいに浮かび上がってきました。

そうだった、茨城県に疎開しているときに、隣のおねえちゃんがわざわざこの劇場に連れてきてくれて、いちばん上の三階席から美空ひばりさんのショーを見たんだった。豆粒みたいにちっぽけにしか見えなかったけれど、それがここに来た最初だった。そのときは、自分がその舞台に立つなんて夢にも思わなかったけれど——。

真正面のスカイツリーに目を奪われながらも、ふっと視線を移したら「花やしき」の遊園地が見えて、おもちゃのようなジェットコースターが走っています。あれは乗ってみると、意外と怖いんですよね。まだ動いているということに、うれしくなってしまいました。

花やしきは、山田監督と初めて出会った映画『下町の太陽』（一九六三年）で、相手役の勝呂誉さんと「ルルル」のラブシーンを撮ったところです。

「あ、流れ星」
「見てないのに、どうしてわかるんだ？」
「だって〝ルルル〟って音がしたもの」

そんなセリフが交わされるこのシーンの撮影に、監督は難しい顔をしたまま、いつまで経ってもオッケーが出ず、私は悲しくて情けなくてメソメソ泣いたんだっけ。当時、山田さんは三十一歳、私は二十一歳でした。

あれから私は山田監督の数々の名作、ヒット作に出演することになります。渥美清さんの寅さんでみんなに親しまれた『男はつらいよ』シリーズをはじめ、北海道を舞台に高倉健さんと共演した『幸福《しあわせ》の黄色いハンカチ』『遙かなる山の呼び声』……。お二人は役者としても人間としても、とても大きな存在でした。思い出すだけで、もう胸がいっぱいになってしまいます。

ホテルの南のほうにある銀座線の田原町駅で降りて、ＳＫＤに通っていたころ、花やしきのちょっと手前にお好み焼き屋さんがあって、お金が貯まるとそこに行ったなぁ。

考えてみたら、渥美さんもコメディアンとして近くの浅草・フランス座の舞台に立って、お客さんの笑い声と喝采を浴びていたはずです。のちに寅さんとさくらの兄妹を演じ続けることになる渥美さんと私は、若き日、実はすごく近くで別々の舞台に立っていたんです。

その渥美さんの舞台を見に行くことはできませんでしたけど、もしかしたら、この街のどこかで私は渥美さんとすれ違っていたかもしれない。そんなことをふと思いました。

国際劇場は当時、東洋一の規模といわれた四階建ての劇場でした。私たち下級生はなかなか稽古場が使えなかったので、私はよく屋上で稽古をしました。

十代の私はその屋上から浅草の街を眺めていました。そして今、同じ場所に建ったホテルから同じ街を見下ろしています。確かに街は大きく変わりましたが、これまで出会った人たちの思い出は私の中で少しも色あせていません。

私のこれまでの人生は、すべて人に導かれてきたように思います。出会った人たちにそれぞれ道しるべを示してもらい、目の前の道しるべに従ってひたすら歩いていくと、その後ろに倍賞千恵子という道ができていました。

誰かが必ず私を見ていてくれて、「こっち、こっち、ここを歩いてみたら?」。そんなふうに私の中の可能性が引き出され、育まれ、どんどん私を変えていったように思います。

両親をはじめとする家族、監督さん、俳優さん、スタッフさん、友人たち……。出会う人にも、作品にも、このうえなく恵まれ、そうして今、女優として、歌手として、ここに立っています。後ろを振り返ると、忘れがたい映画、ドラマ、コンサートの数々がまぶしく見えます。それぞれが、私の生きてきた現場でした。

その原点となった出会いの輝きを、私の記憶に残っているそのままのかたちでお届けできればと思います。思い出の映画シーンをいくつも挟みながら、私がそれぞれの役をどんなふうに演じてきたかを交えて――。

倍賞千恵子の現場

目次

はじめに　3

第一章　寅さんと渥美さんと私

渥美清さんとの特別な瞬間　18
寅さんとさくらの言い合いシーン　20
寅さんのアリアにハーモニーをつける　24
渥美さんが膨らませたセリフ　28
初共演ではスカートをまくしあげて……　31
寅さんとさくらの原点　34
別れのシーンが好きだった　37
この映画は永遠のラブロマンス　40
啖呵《たんか》を切って吐いてしまった　43
鬼気迫る芝居のすごみ　45
なぜ立ち姿がかっこいいのか　47

寅さんになるために精神を尖らせる　50
優しい気持ちをずっと忘れずに　53
触ってみると温かい石　56
何度もセットを振り返っていた姿　59
忘れていくこと、忘れられないこと　61

第二章

本番、よーいスタート！

もっと何かある、まだ違う何かがある　66
『下町の太陽』という出会い　68
あの船をどかせて、早く、早く　72
「あなたはどこに帰る人なの？」というダメ出し　74
役者のいろいろな引き出しを開ける　77
一日中、何十回もの撮り直し　80
一台のカメラで一ショットずつ撮り重ねる　85

高羽哲夫さんが捉えた映像 88
画面の枠の中で役者がどう映ればいいいか 91
何気なく動いて背景を演じる 94
衣装選びの試行錯誤 96
海苔のお歯黒でニッ 98
山田組スタッフの底力 100
思いやりや優しさが詰まった映画 102

第三章

北海道、そして健さん

吹雪の中に飛び出して 108
スーパースターのオーラ 110
『幸福の黄色いハンカチ』のきっかけ 112
レジ打ちをマスターするまで 114
ハンカチを見てポロポロ涙が流れた 118

大切なメッセージを運ぶ映画　120
牧場仕事で覚えた「べぇべぇべぇ」　122
「ながら俳優」の役づくり　126
六月になって春になっとね　128
役になりきっていたヒデ　131
倍賞千恵子が戻ってこない　134
『駅』で演じた情念の女　136
居酒屋のセットで桐子になれた　138
十分近い長回しの居酒屋シーン　141
いくつもの「――」と間　143
自然に出てきたしぐさ　148
殺気に満ちたエネルギーの塊　150
高倉健さんの魅力　153

第四章 普通を演じる

さくらになあれ 158
隠しカメラとアドリブで撮った『家族』 161
いつも九州弁で話すように 164
「ただ、ぼーっとしている」場面 166
『故郷』で石船の舵を取って 169
台本はびっしり書き込んで捨ててしまう 172
「普通の人」に加えるプラスアルファ 175
自分を見ているもう一人の自分 177
緊張を乗り越えて表現する 179
私の大親友さくらさん 183
「庶民派女優」と呼ばれて 186
復讐のヒロインを演じる 188

手配写真をつなぎ合わせた　191
不思議な役、魅力的な役　193
コントをしても「だいじょうぶだぁ」　195
スタニスラフスキーってなんだろう？　199
笠智衆さんの人間としての美しさ　201
「観察力」という資質　204
ずっと磨き続けることが大事　206

第五章

人生というステージ

二兎を追ってみる　210
可能性を見出してくれた両親　212
「違う、違う。もっと色気を出して！」　215
歌は語るように、セリフは歌うように　217
ただきれいに歌うだけではなく　219

森繁パパの「オホーツクの舟唄」 221
寅さんの少年時代 223
ステージでのゾーン体験 226
縁とは不思議なもの 228
「緊張感のある心地よさ」に心が躍る 230
亡くなった母のおっぱい 232
死ぬことは生きること 234
人との出会いで人は変わる 237
おわりに 241

第一章

寅さんと渥美さんと私

渥美清さんとの特別な瞬間

あれはなんだろう――。

いつもうまく説明できないんですが、渥美清さんと一緒にお芝居をしたときにだけ体験した特別な瞬間です。

こちらがセリフをポンと投げると、渥美さんもポンと投げ返す。ポンポンポーンとテンポよくセリフのキャッチボールがうまくいって、どんどんテンションが上がっていく。うわっ、何なんだろう、これ。とっても素敵だなぁ。歯車がぴったり噛みあうような、即興演奏のかけあいのような、水車小屋の水車がどんどん回っていくような。何かものすごく愉快で、怖いくらいに幸せになって、

「わー、すごい、こんなに行っちゃってどうしよう!」

あまりにもうまくいくことが理屈抜きに可笑《おか》しくなって、渥美さんもそうなんでしょう、ある瞬間、二人で同時にバーッと吹き出してしまう。アハハハハと声に出して大笑いしてしまうんです。

その瞬間は、一緒に演じていて、お互いにわかりました。セリフを口にしながら、こちら

が目に涙をいっぱい溜めながら笑いをこらえていると、向こうも細い目の中でもう笑っている。しまいにあふれて二人で一緒に弾けてしまう。それでNG。

渥美さんと私が言い合います。

「だめだよ、そんなもう笑っちゃって」

「そんなこと言ったって、自分だって笑ってるでしょ。でもすごく面白いんだもん。素敵なのよ」

そんなときは、たとえセリフを落としても、間違ってもまったく平気、芝居は完璧に成り立っています。役になりきっているからなのか、何をしても自由自在。やるたびに違うけれど、やるたびに面白い。リハーサルで吹いて本番でもまた吹いちゃう。

亡くなったカメラマンの高羽《たかは》哲夫さんから、かん高い声で、

「笑わないのー!」

と叱られたものです。でも監督の山田さんだって、思わず一緒になって笑ってしまうときもありました。

とても不思議な経験でした。相性がよかったのか、間合いが合うのか、渥美さんとのお芝居では、そんな幸せな体験を何度も味わいました。

寅さんとさくらの言い合いシーン

意外に思われるかもしれませんが、『男はつらいよ』シリーズで、寅さんとさくらの兄妹二人が互いに言い合うようなシーンは、実はそれほど多くありません。

二人でポンポンやり合ったといえば、たとえば第八作『男はつらいよ　寅次郎恋歌』（一九七一年）の一シーンです。マドンナは池内淳子さんでした。

さくらの夫、博さん（前田吟さん）の母親の告別式が営まれる岡山県・備中高梁のお寺。親類一同の前に突然、お兄ちゃんがいつものダボシャツと腹巻、上着姿で焼香に現れます。目を白黒させるさくらと博さんの前に来て、さくらの数珠をさっと取ったお兄ちゃんは親戚にあいさつして回ります。

「このたびはご愁傷さまでございました」
「ご胸中お察しあまりあります」

さくらは、あわててお兄ちゃんを引っ張ってきて、二人の言い合いが始まります。

「ん？　なに？」

「何しに来たのよ、こんなとこへ……」

「何しに来たって、ゆうべ、おいちゃんとこへ電話いれたらよ。今日こっちで葬式だってんでね。おれ岡山へバイ（売）に来てたんだよ。だからとりあえずやって来たんだよ。なんだ、いけねえのか？」

「いけなくないけどさ、何よこの洋服、お葬式よ」

「そりゃおれも気にはなっていたけどさ。旅先だろ。だからこれ（喪章）着けてね、こういうのは気持ちのもんだから、なっ」

「でもさ、みんな黒っぽい服着てるじゃない。なんとかしてくりゃよかったのよ」

「そりゃわかってるけど、旅先だよ……（キレて）うるさいな、おまえも本当に！」

「困っちゃうわ、本当にもう！」

　ごく短いシーンですが、私と渥美さんの二人で、やっぱり意味もなくケタケタ笑っていました。それを怒るのは、だいたいカメラマンの高羽さんなんですが、このときは山田さんに怒られてしまいました。

第三十二作『男はつらいよ　口笛を吹く寅次郎』（一九八三年）の同じようなシーンでも、兄妹二人が言い合うシーンがあります。マドンナは竹下景子さんでした。

備中高梁のお寺で、博さんの父親の三回忌のために菩提寺に集まった親類一同の前に、今度はお坊さんの格好をした寅さんが突如現れます。墓参のため立ち寄った寅さんが、お寺の和尚さんに気に入られて手伝いをするようになっていたのです。

正体を知っているのは博さんとさくらだけ。博さんが実の兄に向かって「兄さん」と声をかけると、隣にいた寅さんがおもわず「なんだ？」と返事して、周りに変な目で見られます。さくらは驚きと不安で泣きそうになり、廊下に出た寅さんに駆け寄ります。寅さんは子どもみたいにはしゃいで、

「ヒヒヒヒヒ！　おまえたちのことをよ、たっぷり驚かしてやろうと思ったんだけど、返事したの、まずかったな。でも途中までうまくいったでしょう？　うまいねと思ったでしょう、ね、ね、ね、ウフフフ……怒んなよ、おまえ～、そんなぁ」

「さっきから私がどんな気持ちでいたか、わかんないでしょう」

『男はつらいよ 口笛を吹く寅次郎』(第32作)より、お兄ちゃん(渥美清さん)との言い合いシーン(山田洋次監督、1983年、写真提供:松竹)

「からかっただけじゃねえかさぁ。泣くなっての」

「ねぇお兄ちゃん、正直に答えてちょうだい。ここのうちの人たちだまして、何か悪いことでもしてんじゃないでしょうね」

「ばかやろう、おれがそんなことするわけねえじゃねえか。これにはいろいろと深い事情があるんだよぉ。な、あとで話するから」

(手伝いのおばさんから呼ばれて)

「はい! ただいま。忙しいんだ、おれ、見ろ。泣くなって、な、な」


上機嫌の寅さんと泣き顔のさくらさんが対照的で、妙におかしいシーンです。ここでも何度も吹き出して撮り直しになりました。

渥美さんとは、休憩時間によくふざけあって大笑いしていました。メイクさんが持ってきた鏡を見て私がいろいろな顔をして遊んでいたら、渥美さんがやってきて、

「何やってるんだよ」

「下から見ると、人間の顔ってさ、面白いのよ。ちょっと見てみて」

「どれ」

二人で鏡を見ながらバカ顔をしているうちに、もうおかしくておかしくて。「社長さん顔」というのをして、下を向いて二人でゲラゲラと笑っている。周りは何を笑っていたのか、まったくわからなかったでしょうね。

ただ意味もなくおかしいのです。今、思い出してもおかしいくらい。そんな他愛《たあい》もない場面をなぜかよく覚えています。

寅さんのアリアにハーモニーをつける

『男はつらいよ』の第一作目のときは忘れられません。初めてセット入りして、寅さんが登場するシーンです。

渥美さんのお芝居は、最初のホン読みのときから、もう飛びぬけて面白かった。葛飾柴又

のお団子屋さんの「とらや」（第四十作以降は「くるまや」になります）の茶の間に役者さんたちが集まります。

寅さんのセリフは渥美さんの頭の中にすべて入っています。山田さんの台本に渥美さんが時々アドリブを入れると、どんどん場面が膨らんでいきます。そのテンションの高さ、面白さにみんな吹き出しました。

セリフを聞いているうちに、寅さんの世界がパーッと広がっていきます。それに引き込まれて、周りの役者がお芝居をする。それに応じてまた渥美さんが語る。そこは役者同士が響きあう真剣勝負の場です。

リハーサルでのアドリブが面白ければ、それをどんどん本番に取り入れていきます。現場には大きな声が飛び交って、笑いが絶えませんでした。

『男はつらいよ』の撮影で私がいちばん好きだったのは、とらやの茶の間で、お兄ちゃんを中心に、おいちゃん（森川信さん、松村達雄さん、下條正巳さん）、おばちゃん（三崎千恵子さん）、博さん（前田吟さん）、さくらさん、裏の印刷工場のタコ社長さん（太宰久雄さん）が世間話をしたり言い合ったりする場面です。

とくにお兄ちゃんが旅先から柴又に帰ってきて、みんなにみやげ話をするシーン。台本を読んで自分なりに想像してはいるけれども、これを渥美さんはどんなふうに表現するのかな、といつも楽しみでした。

そして目の前で渥美さんが、あの艶《つや》のある声とキレのいい語り口で話す旅の話を聞いているうちに、お兄ちゃんがどんなところに行って、どんな人に会って、どんなことがあったのか、自然に情景が浮かんできて、心地よくその世界に入っていけるんです。

山田監督がおっしゃっていました。

「この茶の間のシーンは、周りでコーラスを歌っていると、寅さんが帰ってきて、合唱の中で一人、アリアを歌う場面。君たちはそれにハーモニーをつけるんです」

ああ、なるほどなぁ。確かに渥美さんの歌うソロはきれいです。その言葉は心地よく響くだけでなく、きっちりと心に入ってきて、極上のアリアを聴いている気分になります。だったら私はここをどんなふうに歌えばいいのかなぁ。そんなふうに思いをめぐらしながら、やがてそれが二重唱にも三重唱にもなって場面が膨らんでいくのです。

初めのころは、すべての撮影が終わると熱海のホテルで打ち上げがあり、すき焼きを食べながら、ひと晩みんなで過ごしたものです。そこで渥美さんが語って聞かせてくれる話が、やっぱり壮絶に面白かった。ふだんはおとなしくて静かな渥美さんが、そんなときは途端に

リリーさん（浅丘ルリ子さん）を迎えてのお茶の間のシーンです。『男はつらいよ 寅次郎忘れな草』（第11作、山田洋次監督、1973年、写真提供：松竹）

生き生きして語り出します。

浅草の芝居小屋に出ていた時代。楽屋には一升瓶があって、みんな一杯ひっかけて舞台に立つ。芝居で殺され、いったん楽屋に引っ込んだ役者たちが、なるべく舞台に出たいものだから、額に三角巾をつけた幽霊になって登場する。みんな次々に生き返り、そのうち舞台が手狭になって、客席にまであふれ出して大騒動——。

渥美さんが話し出すと、その情景が映画のようにに浮かびました。それは寅さんがみんなにアリアを聞かせる姿と一緒。渥美さん自身、そんなふうにみんなを笑わせることが心から好きで、楽しくて、うれしくて仕方がないという様子でした。ノリに乗って語るうちに自分でもおかしくなって、ときには顔を真っ赤にして笑っていましたね。

渥美さんは自分の役者としての才能をよく知っていたし、その中で何を表現すればどう出るかがわかっていたと思います。『男はつらいよ』以前にも、私は渥美さんと何度も共演していますが、渥美さんは寅さんの世界に出会って、自分の持っている才能を全面的に開花させたんじゃないでしょうか。

渥美さんが膨らませたセリフ

寅さんが歌い上げる「アリア」で、私がいちばんに思い浮かべるのは、第十五作の『男はつらいよ　寅次郎相合い傘』（一九七五年）の一シーンです。シリーズの中でもとくに人気の作品で、マドンナは浅丘ルリ子さん演じる「放浪の歌姫」リリー。ファンの人気投票でも、いつもトップに選ばれる不動のマドンナです。

リリーさんを仕事先のキャバレーへ送って、とらやに戻った寅さんは、茶の間のみんなに、そのキャバレーがいかにしょぼくれた場末の店だったかを悲しそうに伝えます。そして大きなため息をつき、「おれにお金があったら大劇場を借り切って、好きなだけ歌を歌わせて、リリーの夢をかなえてやるのになぁ」と話します。

「そんなことできたら、リリーさん喜ぶだろうね」と、さくらさんが応じると、寅さんがぱっと目を輝かせながら語り出すのです。
この場面を渥美さんが、最初の台本からどんなふうに膨らませて語ったか。最初はこんなふうになっていました。

「……バンドも一流司会者も一流よ。ベルが鳴る。灯りが消える。『テレビを御覧の皆様今晩は、会場のみなさん、今夜はようこそいらっしゃいました。それではただ今よりお待ちかね、リリー松岡ショーの幕開きでございます』。緞帳《どんちょう》がゆっくりあがる、スポットライトに照らされて立っているリリー。きれいだよ、あいつは。なにしろ姿がよくて、顔立ちが派手だからな。場内にザワザワザワ……。溜息の声。割れるような拍手。『リリー!』『待ってました!』『日本一!』。やがて騒ぎが収まる、水を打ったようにシーンとなる。そしてリリーが歌い出す。♪ひーとーり酒場で飲む酒は……シワブキ一つもらさず歌に聴き入る観客、みんな泣いてるよ。なにしろリリーの歌は悲しいからなあ。……やがて歌が終わる、待ちかねたようにウワーッ、拍手拍手拍手、花束、テープの紙吹雪——。リリーは泣くぜ、あの大きい眼からポロポロ涙をこぼしてさ、いくら気が強いあいつだって、そんなときはきっと泣くよ」

この第一稿の台本の世界を渥美さんが膨らませていって、実際の本番ではこんなふうになりました。

「ベルが鳴る。場内がスーッと暗くなるなぁ。『皆様、たいへん長らくをば、お待たせをいたしました。ただ今より歌姫、リリー松岡ショーの開幕ではあります！』。静かに緞帳が上がるよ。スポットライトがパーッと当たってね。そこへまっちろけなドレスを着たリリーがスッと立ってる。こりゃいい女だよ。あれはそれでなくたって、そりゃ様子がいいしさ。目だってパチーッとしてるから派手《はで》るんですよ、ね！　客席がザワザワザワザワザワザワザワっとしてさ。『きれいねえ』『いい女だなあ』『あっ、リリー！』『待ってました！』『日本一！』。やがてリリーの歌が始まる。♪ひーとーり酒場で飲む酒は……ねー、客席はシーンと水を打ったようだよ。みんな聴き入ってるからなぁ。お客は泣いてますよ。リリーの歌は悲しいもんねぇ。やがて歌が終わる。花束！　テープ！　紙吹雪！　ワァーッと割れるような拍手喝采だよ。あいつはきっと泣くな。あの大きな目に涙がいっぱい溜まってよ。いくら気の強いあいつだって、きっと泣くよ……」

渥美さんの張りのある声と緩急自在の抑揚に身ぶり手ぶりが加わって、もうステージに立って喝采を浴びるリリーさんの華やかな姿が目に浮かぶようでした。聞いている私も、お芝居をしながら思わず熱いものがこみ上げてきました。

初共演ではスカートをまくしあげて……

渥美さんと私が初めて共演した映画が、私の二本目の映画『水溜り』（一九六一年、井上和男監督）でした。主演は岡田茉莉子さん。東京・下町の貧しい町工場で組合をつくろうとしてクビになる臨時工のむらこが私の役でした。

むらこは公園で男にマッチが燃えている間にスカートをまくしあげてお金をもらうバイトをします。それをカメラで撮ろうとする客が渥美さんです。

「あ、もう少し、もうちょっと、もう…」

「ハイ、三分」

「え？　もう一回、ね、もう一回」

「じゃあ、あと三百円。超過は一分百円ですから」

「だからまとめて…」

「だめよ、前金」

「前金⁉」


都立庭園の六義園での撮影でした。二十歳そこそこの私はもう恥ずかしくて、監督に「とてもやれません」と伝えたら、スタッフさんたちが周りから見えないように照明のレフ板で囲って撮影した覚えがあります。

私はそのことについてほとんど記憶はなかったのですが、記憶力抜群の渥美さんは、

「おまえ、監督にダダこねていたじゃねえかよ」

としっかり覚えていました。

この映画で、恋人役の川津祐介さんに髪をつかまれて、壁にどんどん体を打ち付けられたうえ、溝に転んで落ちるシーンがあります。オタオタする私に井上監督は、

「ばかやろう。こうやるんだよ」

とそのシーンをそのまま自分でやってみせてくれました。

私が倒れ込む溝をのぞくとイトミミズがウヨウヨ。蛇やミミズといった、とにかく長いものが苦手な私は見た瞬間震えあがって、

「私、絶対できません」

ベソをかいて事情を話したら、監督は「わかった」。スタッフ全員で溝のどぶさらいをしてくれました。体は大きかったけれど、細やかな気配りをしてくれる監督でした。

役名のむらこから私は現場では「ムッコ」とか「ムッコちゃん」と呼ばれ、その後、ほかの現場でも長い間、「おい、ムッコ元気か」「ムッコどうしている?」と声をかけられました。

当時、私が暮らしていた東京都北区の滝野川という下町に舞台が近かったということもあったし、私の役がその長屋から出てきてツッパって生きている女の子ということもあり、お気に入りの作品でした。

松竹という映画会社に入って、主演した『下町の太陽』（一九六三年）で「庶民派女優」と呼ばれるようになる前の最初の私のイメージは、この映画にあったように思います。

そんな映画で渥美さんに出会うのも縁なら、お金をせびり取る相手役だった渥美さんに、

のちのちお小遣いをあげたりお金を持っていったりする妹を演じることになるのも、縁といえば縁なんでしょうね。

寅さんとさくらの原点

私はふだん自分が出演した映画を撮影直後に見ないことにしています。まだ現場の感覚が残っていて、自分の芝居が気になり、撮り直せるのなら撮り直してほしいくらいに思ってしまうからです。冷静に見ることができるようになるのは、ずいぶん時を経てからです。

最近、たまたまBSで放送していた渥美さん主演の『白昼堂々』(一九六八年、野村芳太郎監督)を見始めたら、びっくりするほど面白くて、ついつい惹き込まれて最後まで見てしまいました。

九州の炭鉱で働いていたスリ集団のリーダー、ワタ勝こと渡辺勝次役の渥美さんが、昔のスリ仲間だった銀三(藤岡琢也さん)を巻き込んで、ワタ勝を追う刑事(有島一郎さん)たちと攻防を繰り広げます。私が演じるのは一匹おおかみの女スリ師、よし子です。

ワタ勝が仲間に引き入れたよし子に強引にプロポーズするシーンがあります。ワタ勝が突然、よし子に抱き着いてきて、ドタバタが始まります。

「よし子！　よし子ちゃん！　なぁ、わしと結婚しよ！」

「ちょっと待って、放して」

「なぁ、そうしてくれりゃあ……なぁ、わしんこと、どう思うちょりんさるん？」

「どう思うちょりんさるんって、そんなこと急に……」

「わしゃ、ひと目見たときから、あんた、好き！　ホレとるよ。今もうクビったけじゃ」

　ワタ勝がよし子を後ろから持ち上げて、よし子は逃げるはずみでクッション椅子に後ろからひっくり返ります。

「きらいよ！　大きらいよ！　結婚申し込むんなら、申し込むちゃんとエチケットがあるでしょ！」

「ツベコベ言うなってこと！」（と手を振り上げる）

「何よ、それ。殴る気？　やれるもんなら、やってみなさい！」

ワタ勝は目をつぶって、思いきって彼女の頬をビンタ。よし子も負けずに横ざまにビンタを返す。ワタ勝は体をくるっと一回転。彼女がまた逆からビンタして、逆方向にもう一回転。よし子は床にぺったり座り込んで「ひどいわ！」と泣く。

渥美さんのセリフ回しと動きがすばらしくて、もうおかしくてせつない、とっても変てこりんなシーンになっています。渥美さんとテンポよくかけあう私もノリに乗っています。そのかけあいを見ていると、寅さんとさくらさんの原点のようにも思えてきました。

この映画が公開された一九六八年に、『男はつらいよ』のテレビドラマ版がフジテレビで始まります。全二十六回の最終話で、寅さんが奄美大島でハブにかまれて死んだという結末に、視聴者から「なぜ寅を殺した！」と抗議の電話がテレビ局に殺到した、というのは有名な話。

その翌年、映画『男はつらいよ』が、いよいよ始まります。ワタ勝のお人好しで、純情で、少しドジなところはどこか寅さんとかぶります。ワタ勝が茶の間で鉢巻をして、女物の半纏《はんてん》を羽織っている姿なんて寅さんそのものじゃない！　心を弾ませながら、なつかしく見ていました。

別れのシーンが好きだった

私は、寅さんとさくらさんの別れのシーンが好きでした。第十一作『男はつらいよ 寅次郎忘れな草』(一九七三年)で、さくらが上野駅の食堂で待つお兄ちゃんに、カバンとお金を持っていくシーン。私はけっこう気に入っていて、コンサートで「さくらのバラード」を歌う前に、このシーンをステージのスクリーンに映し出したりしています。

「今度はどっちのほうに行くの?」

「そうよな、暑くなったから北のほうでも行くか」

「どっかでリリーさんに会えるといいね」

「さくら、もし、もしもだよ、おれがいないときに、リリーがとらやに訪ねて来るようなことがあったら、おれのいた部屋に下宿させてやってくれよ」

そんなことを言いながら、「チビによ、飴玉の一つも……」とお兄ちゃんが腹巻から財布を取り出すけれど、五百円札しか入っていません。さくらがさっとその財布を取って、自分

の財布から出したお札を一枚一枚広げながら、お兄ちゃんの財布に入れて、そして、

「お金、もう少し持ってくればよかったね」

と泣きそうになりながらつぶやくんです。

第四十二作『男はつらいよ　ぼくの伯父さん』（一九八九年）のときのインタビューで渥美さんがこう答えていました。

「妹のさくらちゃんは、恋人と、姉さんと、それとおふくろと、それと永遠にいつもわがまま言っても大きく自分を迎え入れて抱きとめてくれる観音様みたいなものというかな。それと、やはりどこかかわいい心配な妹と、そういう全体の要素を全部持ってんじゃないかね」

久々に柴又に帰って来た寅さんが、いつものようにマドンナにふられたり、みんなとけんかをしたり。さくらが二階に上がると、お兄ちゃんが、カバンに荷物を詰めて旅支度をしています。シリーズで何度も繰り返されるこの場面が、私はとくに好きです。さくらが悲しそうに尋ねます。

「また行っちゃうの？」

たった一人の肉親が久々に帰ってきて、さくらも周りも迷惑ばかりかけられるけれど、やっぱりいなくなるのは寂しい。そばにいてくれればいいなと、どこかで思っている。悲しい

んだけれど、でもしょうがないな、とも感じている――。

第八作『男はつらいよ　寅次郎恋歌』（一九七一年）では、その別れの場面で、寅さんがさくらに尋ねます。

「兄ちゃんのこんな暮らしがうらやましいか？　うん？　そんなふうに思ったことあるかい？」

「……あるわ。一度はお兄ちゃんと交代して、あたしのことを心配させてやりたいわ。寒い冬の夜、こたつに入りながら『ああ、今ごろ、さくらはどうしてるかなぁ』って、そう心配させてやりたいわよ」

別々の世界に生きてはいても、二人はいつも互いを思いやってつながっている。さくらと向き合う二階のシーンでの寅さんの言葉は、自分に正直な言葉だったと思います。それまでは一階でみんなとワイワイやりとりしているんだけれど、ここでは二人きりになって、お兄ちゃんは「素の寅さん」になっていた気がします。

この映画は永遠のラブロマンス

京成電鉄の古びた柴又駅ホームで、さくらさんが旅立つお兄ちゃんを見送るシーンも、そのときの気持ちとともに心に残っています。

第六作『男はつらいよ　純情篇』（一九七一年）では、二人の言葉が電車の発車音にかき消されたまま、お兄ちゃんの乗った電車が発車してしまいます。


「じゃぁな、さくら」

「あのね、お兄ちゃん。つらいことがあったら、いつでも帰っておいでね」

「そのことだけどよ。そんな考えだから、おれはいつまでも一人前に……故郷ってやつはよ……」

「うん」

「故郷ってやつはよ……」（電車の発車音）

「なに？　えっ、なに？　なんて言ったの？」

柴又駅での別れのシーン。これは第18作『男はつらいよ 寅次郎純情詩集』の一コマ（山田洋次監督、1976年、写真提供：松竹）

別れの場面には、何か二人だけの特別の空気があったように感じます。兄妹でありながら、どこか恋人同士の別れ際のような、何かせつないものを感じながら演じていました。

山田監督がおっしゃっていました。

「兄妹はとてもきれいな感情でいつまでも愛しあえるという不思議な関係。だから、この映画は言ってみれば、寅さんとさくらの永遠のラブロマンスだったかもしれないね」

博さんを演じていた前田吟さんは、

「寅さんには、何度か嫉妬したことがあるなぁ」

と話していました。そういえば、寅さんがみんなとけんかするシーンを撮り終えたとき、吟ちゃんがポツリと、

「やっぱり寅さんがいちばん大切なのは、さくらだからなぁ」

とつぶやいていたのを聞いたことを思い出しました。

そう、最後に渥美さんと撮影したシーンも二階の別れのシーンでした。

シリーズ最後の第四十八作『男はつらいよ　寅次郎紅の花』（一九九五年）。奄美大島に帰っていく、リリーさんを追いかけるよう、さくらがお兄ちゃんに必死に語りかける場面でした。

「こんなところで何してるの？　お兄ちゃんも一緒に行くんじゃないの？」

「なんでおれがリリーと一緒に行かなきゃならねえんだよ」

「もぉ、わからない人ねえ。リリーさんは、本当はお兄ちゃんと一緒に帰ってほしいんじゃないの！」

渥美さんが先に撮り終えました。残っていた私のカットを撮り終えるのを待って、渥美さんは「じゃあな」とひと言声をかけて、その場から静かに去っていきました。

啖呵《たんか》を切って吐いてしまった

渥美さんとは、実は『男はつらいよ』以外でも兄妹の役を演じたことがあります。TBS系「東芝日曜劇場」で放送されたドラマ『あにいもうと』（一九七二年）です。

これまで何度か映画やドラマになった、この室生犀星の短編小説を、山田洋次さんが脚本を書いて、兄の伊之助を渥美さん、妹のもんを私が演じました。

とても仲のいい兄妹だったのに、もんが恋人の学生の子を身ごもったうえ捨てられて以来、二人のけんかが絶えません。家を出て水商売をしているもんは、生活も心もすさんでいます。そんな妹を兄はののしりながらも本当は不憫《ふびん》に思っています。もんが留守のときに「謝りたい」と訪ねて来た学生を帰り道で待ち伏せした兄は問い詰め、なぐり倒します。

夕方、帰宅したもんがそのことを知ったことから、「手出しもしない者をなんで殴ったりしたんだよ！」と茶の間で夕飯をかき込んでいる兄に食ってかかります。

兄妹が真正面からぶつかる場面。ここからが渥美さんと私の〝対決〟です。私は渥美さんと本気でつかみ合いをしました。

「卑怯者！」と叫んでつかみかかる私を渥美さんが「何をしやがるんだ、この野郎！」と突き飛ばす。はずみでちゃぶ台はひっくり返り、皿が割れ、茶碗が跳ぶ。私は渥美さんの腕にかみつき、顔をひっかく。渥美さんが「てめえやりやがったな、このアマ！」と私の髪を引っ張り回し、畳にたたき伏せて殴りつける。着物がはだけ、袖は引きちぎられる。「さぁ殺せ、殺しやがれ！」と私が叫ぶ。

乙羽信子さん演じる母が必死で割って入って渥美さんを制止する。

「止めるなよ！　おれはこのアマのな、根性を叩き直してやる！」

そう言い放つ渥美さんに、私はすさまじい啖呵《たんか》を切ります。

「ああそうかい。見事に叩き直してみせるかい。はばかりながら、おまえさんがひっかけてるような小便臭い女とは、もんは違った女なんだよ。そんな薄みっともないおまえがやってみせるのかい。やれるもんならやってみせろ。笑わせるじゃないか。どうせ私はお前が言うとおりの飲んだくれの女のくずさ。だけど手出しもしない男の弱みに付け込んで、半殺しにするようなヤツは、兄さんであろうが誰であろうが、許しちゃおけないんだ」

兄と母は突如豹変したもんの憤りにビックリして、ひと言も発することができません。

「やい、タイル屋。てめえ、それでも男なのか。よくも、よくも、もんの男を殴ってくれたね。よくもぬけぬけと、もんの兄貴はそんな兄貴だとさらけ出して恥かかしてくれたね。ちきしょう！　恥知らず！」

いっぱいいっぱいだった気持ちが自分の中で弾けたのか、お芝居が終わった途端、気持ち悪くなって、私はトイレに駆け込んで吐いてしまいました。

鬼気迫る芝居のすごみ

私はもともと、こうした争いごとがとても嫌いなのです。

というのも、ふだんは家族思いの優しい父が、飲みすぎると、ちゃぶ台をひっくり返すようなタイプだったからです。父をなだめることができる祖父を呼びに行くのが私の役目でした。お酒を買いに行かされたときは、途中で半分捨てて、井戸の水で薄めて持って帰ったりもしました。映画に出始めてからも一年間くらい、そういうことが続きました。

今思えば、戦争に行った父は人には言えないつらい体験をして、鬱屈《うっくつ》した思いをお酒で吐き出していたんだろうな、と理解できます。でも当時はわからず、ただ、いやでいやで怖かったんです。

だから感情がぶつかりあう修羅場の場面には、反射的に恐れを抱くようなところが私にあったんですね。トイレで戻したのは、渥美さんとのつかみ合いに、体のほうが反応したのかもしれません。ただ、家族とのそうした経験があったからこそできた表現だったとも思います。渥美さんは私の啖呵と狂暴なふるまいに小さな目を丸くしていました。

『男はつらいよ』でも寅さんは、おいちゃんやタコ社長とよくつかみ合いのけんかになります。そのシーンの撮影では、みんなケガをしないように、いつも身構えていました。

そんなときの渥美さんの怒った目は真剣そのもの。全身に鬼気迫るものが張りつめて本当に怖かった。お芝居なのに、それを超えたすごみがありました。そんなふうに渥美さんの笑いは「殺気のある面白さ」とでも言えばいいのか、真に迫って壮絶におかしいんです。

『あにいもうと』をつくった一九七二年といえば、第九作『男はつらいよ　柴又慕情』のころで、シリーズの人気が急上昇していくころです。テレビドラマの中で母親がもんの兄の渥美さんを指して「いい年をしてフラフラしているから嫁の来てもありゃしない」というセリフは、どこか寅さんとダブります。

異なる映画とドラマでも、山田さんの中ではずっと一つの何かがつながっているのかもしれません。寅さんシリーズ四十八作は、一つの長い映画を撮っているようなものだと言われましたが、山田さんの作品すべてが実は一つながりになっているんじゃないでしょうか。『あにいもうと』は、山田さんが演出の宮武昭夫さんに持ちかけたと聞いています。優等生型のさくらさんとはまったく違う、もん。けれどもやっぱり同じ兄と妹です。それを同じ渥美さんと私に演じさせることに、山田さんはどんな思いを込めていたんでしょうか。

なぜ立ち姿がかっこいいのか

とらやの茶の間で、いつものようにおいちゃんとおばちゃんが話しています。

「寅ちゃん、今ごろ何してるのかねぇ」
「そろそろ帰ってくるころじゃねえか」

旅から帰って来たお兄ちゃんが、お店に入るのをためらって、入り口前の参道を行ったり来たり。ふと立ち止まってこちらに視線を向ける、その姿を目にしたとき、私は思っていました。

「ああ、なんて美しいんだろう」

スタジオの隅に立って、ポケットに手を突っ込んで自分の出番を静かに待っている姿。きれいで、それでいてどこか哀しげでした。

渥美さんって、立っているだけで形がきれいというか、美しいというか、その立ち方、在り方に目を奪われます。渥美さんはかっこよかったですよ。

セットで照明の位置を決めるために、何もせずに待っているとき。肩にふっと上着をかけて立っているとき。やっぱりかっこいい。肌はとてもきれいで、女性のように優しい手をしていました。

渥美さんがすっと立っている姿は、高倉健さんが立っている姿とどこか似ていました。もちろん、健さんとは違ったかっこよさですが、役に対する姿勢なのか、生き方なのか、そこにいるだけで成り立つ存在感なのか。

山田さんは「いい役者は贅肉《ぜいにく》がない」とおっしゃいます。肉体的なことを言っているわけではなくて、演技に自信がない役者さんほど、やたらと頭をかいたり、タバコを吸ったり、ポケットに手を入れたり、小芝居をしたがるそうです。

そうした小芝居を、山田さんは「贅肉」と呼んだのでしょう。そういう思いで見ていると、ああ確かになるほどなぁ。自分でも肝に銘じたい言葉です。

その意味で、まったく「贅肉のない芝居」をされていたのが、渥美清さんであり、高倉健さんであり、笠智衆さんだと思います。深い川は静かに流れるそうです。三人とも若いころから役者として苦労され、ストイックに努力を怠らずに歩んできた方々でした。

みなさんに共通しているのは、隙《すき》がないのに隙があること。そして、隙があるのに隙がない。隙というのは、余裕のことなのか、一種のユーモアなのか、なんだろう、言葉で言い表すのが難しい。張りつめて隙がないのは息がつまるけど、かといって隙だらけではもちろんいけない。でもやっぱり隙がなければいけない。

それでいて、みなさん、美しかったです。渥美さんも、健さんも、笠さんも。すっと見たときに、ああすごい、もういるだけでいい。余分なものが何ひとつない。心身ともに贅肉が、無駄なものがありませんでした。

それで思い出した――渥美さんはあれだけの役者なのに、取り巻きの人を置かず、いつも一人でした。それでいて財布やカバンを持ち歩かず、お金は直接ポケットに入れていました。

自宅とは別に東京・代官山のマンションを仕事場にしていた渥美さん。代官山駅の売店のおばちゃんに一万円札を渡し、新聞や雑誌を買うときはいちいちお金を支払わなかったそうです。電車に乗るときは、おばちゃんから小銭をもらって切符を買う。時々、

「おばちゃん、まだお金、あるかい？」

そう言って、なくなりかけたら、また一万円札を渡す。そんな話を山田さんから聞いたことがあります。余分なものを持たないことでは、徹底していた人だったんですね。

寅さんになるために精神を尖らせる

渥美さんが亡くなって二十年後の二〇一六年夏には記念の特集番組が数多く企画され、私はそのうちのいくつかに出演しました。

渥美さんが好きだった長野県の小諸に移り住み、『男はつらいよ』第二十九作から衣装を担当している本間邦仁さんを訪ねた際に聞いたのは、怒ったことのない渥美さんに叱られた経験でした。

撮影日の朝、本間さんはいつも渥美さんに直接、寅さんの衣装を持参していました。ところが、その日は忙しくて、つい、そばにいた人に衣装を預けたそうです。現場に行くと、渥

美さんから「ちょっと来い」と手招きで呼ばれました。

「おれは、おまえが衣装を持ってこないと、芝居ができねえんだよ」

本間さんから手渡されるダボシャツ、ズボンに手足を通し、腹巻、帽子に雪駄、上着をちょっと肩に引っ掛けてスタジオに向かう。そんなふうにして渥美さんは寅さんになれたんだろうな、と思います。

寅さんのダボシャツに腹巻姿は、いわば制服ですからね。たまに、どてらを引っ掛けるか旅先で浴衣を着るくらい。博さんにしたって、だいたい職工さんの格好です。だから、あまり衣装合わせが必要ありません。うらやましくて私はよく話していました。

「制服みたいでいいよね。さくらさんも制服にしてくれないかな」

渥美さんは、本間さんに軽口をたたきながら衣装を着替える。それは渥美さんが寅さんになるときに必要な儀式みたいなものだったんでしょうね。

番組の中で私は、渥美さんの父親が小諸近くの上田市で生まれ暮らしていたということを初めて知りました。渥美さんは自分のルーツを調べるために、役場を訪れたということでした。

仕事の合間の休日に一緒に食事をしたり映画に行ったりしたことはあっても、渥美さんからプライベートなことは、私もほとんど聞いたことはありません。覚えているのは、ほんの二つか三つくらいです。

たとえば、渥美さんの初めての子どもが少し大きくなったとき。

「映画が終わって帰ると、ふすまのところで腕組んで、おれと同じような顔をしたやつがぶつぶつハナを垂らしながら文句言っているんで、頭に来て足払いしたんだよ。そしたらもっと泣いちゃったよ」

「だめだよ、そんなことしちゃ」

たぶん、それは渥美さん一流の冗談。それから渥美さんの母親の話を一度だけ伺いました。

「この間、おふくろの具合が悪くなって、おふくろのところに行ったんだよね」

「え?」

「おれの顔を見て、『どちら様ですか?』って聞くんだよ。もうわからなくなってきているんだよな」

そのとき、渥美さんはけっこう厳しい顔をしていました。当時は認知症という言葉もありません。

私は渥美さんから聞いて初めて認知症のことを知ったのですが、私の父親が亡くなる前に同じような経験をしました。一人ではほとんど何もできなくなっていた父を姉妹で一緒にお風呂に入れたとき、父から「どちらさんですか？」と聞かれたのです。「あ、これ、渥美ちゃんが、あのとき言ってたことと同じだな」と思い出しました。

家庭について、渥美さんが語った言葉を何かで読んだことがあります。

「芝居やっててね、扶養家族が精神面にチラチラ現れたらいけないと思うな」

「精神をいつも鉛筆の先のように尖らせておく。だから一人でいたいんだよ」

撮影中は、自宅から離れた代官山のマンションから通っていたことも、自分の私生活について他人にいっさい語らなかったことも、その鋭敏なアンテナを保つためだったのだと思います。

優しい気持ちをずっと忘れずに

それだけ渥美さんは何か繊細で鋭い感覚を持っていました。感度の高いアンテナというか、刀の刃の上を歩いているような狂気すれすれの研ぎ澄まされたものというか。細くてちっちゃい目だけれど、その目の奥のほうでキラキラ星のように笑っていたり、針のように鋭かったり、悲しみで曇っていたり。

渥美さんのお芝居がとても深かったのは、本当の孤独や寂しさを知っている人だったからだと思います。だから寅さんが悲しいときや寂しいときは、全身からそれがにじんでいました。

渥美さんは喜劇役者として芽が出始めた若いころ、肺結核で二年間の療養生活を強いられていたそうです。まだ結核が「不治の病」と言われていたころです。

渥美さんの、触れれば切れるように鋭い感性は、一度死に直面した人ゆえのものだっただろうし、本当につらい思いをした人だからこそ、小さく生きている者に特別深い気持ちを持っていたんだと思います。

ふだんの渥美さんは、いつも何かを考えているようでした。たぶん、芝居のこと、家族のこと、病気のこと、生きるということ……。とくに晩年はよく黙って考え込んでいました。

私は長く一緒にお芝居をしてきて、渥美さんが怒った姿を一度も見たことがありません。国民的俳優と呼ばれ、仕事を続けているうちには理不尽なことや腹の立つこともあったはずです。俳優さんというのはどこかでわがままなので、普通は辛抱できずにどこかで弾けるはずなのに。

みんなで食事をしていたときに、こんなことがあったそうです。たまたま障がいを持った息子を連れていた親御さんがいて、周りの迷惑になると気を遣ったのでしょう、「うちの息子はこちらでいいです」と別の席に移そうとしたのです。

そのとき、渥美さんは、

「そんなことはない。一緒にご飯を食べればいいんだよ」

と強い調子で促したそうです。怒った渥美さんを見たことはなかったけれど、弱い者、虐げられた人への思いの足らない仕打ちには火を噴くような表情を見せていたんだろうと思います。

そうした優しい視線は共演者にも向けられていました。

『男はつらいよ』の常連の役者たちは、言ってみれば一つのできあがった家族です。だから毎回、ゲストで出演する役者さんにとって、いきなりそこに入って芝居をするのはずいぶんやりづらいだろうな、と思っていました。

だから当初は、おばちゃん役の三崎千恵子さんとも話し、初めての役者さんには待ち場所を心地よくして、お茶を出してくつろいでもらおうとしていました。面倒見のいい三崎さんは寅さんのおばちゃんそのままに、

「疲れませんか。お茶、どうぞ」

「こっちのほうが暖かいですよ」

と細やかに気を配っておられました。

でも、そんな私たちの思いも回を追うごとにだんだんおざなりになって、

「カメラの前に立ったら役者はみんな同じなんだから、まぁいいかな」

と私は自分で勝手に納得していたのです。

けれども、優しい気持ちをずっと忘れずに、最後までまっとうしていたのが渥美さんでした。マドンナ役の女優さんが緊張してなかなかスタジオに入れないときは、彼女の控え室に迎えに行って、一緒にスタジオに入ったりしていました。それも仰々しくではなく、

「じゃあ、お姉さん、行きましょうか？」

と軽やかに。いかにその人がリラックスしてお芝居を自由にやれるか。自分の体がつらくなってきていた時期も、渥美さんはそんなことに心を寄せていたんじゃないでしょうか。

触ってみると温かい石

仕事以外でもそうでした。私に個人的につらいこと、悲しいことがあって、悩んだり落ち

込んだりしていたときは、なんとなくそれを察知して、仕事の合間の休日などに電話がかかってきて、

「飯でも食いに行くか」

と誘ってくれました。といっても私の悩みごとを聞くでも相談に乗るでもなく、ただ、いつものようにくだらない世間話をしたり、面白かった映画や芝居の話をしたりして、一緒に時間を過ごすだけ。帰りには、

「なんか欲しいものはないか。買ってやるよ」

と言って、とびきり上等の紫のマントを買ってくれたりする。「今こういうのが流行《はや》っているみたいだから」と薄手の白いジャケットが送られてきたこともありました。

そんなに回数があったわけではないけれど、そんなときは何も言わなくても、聞かなくても「おれがいるんだから大丈夫だよ」と声をかけられたようで、冷え固まった心がほどけていくのを感じたものでした。

私の渥美さんに対するイメージは「石」でした。山の上に大きなゴツゴツの普通の石があって、その石が何年も何年もかかってゴロゴロ麓《ふもと》に下りてくる。そうして人前に出てきたときには四角いツルンとした石になっていて、そこに細い目とイボをつけたら渥美さん。そば

に行くと、その石をどうしても触ってみたくなる。触ってみると、じわーっと温かさが伝わってくる――渥美さんはそんな人でした。

お盆と正月の年二回、『男はつらいよ』の封切りが年中行事のように定着したころです。あくまで役柄なのに、私は周りのみんなに「さくらさん」とか「さくらちゃん」と呼ばれることがなんだかうとましくなり、ちょっとお休みしたいなと思った時期がありました。そんなとき、渥美さんは、

「いいじゃないの。役者の道を歩いてきて、役名で呼ばれるなんてのは、すばらしいことだよ。役者は役名で呼ばれるうちが花だよ」

そんなふうに諭してくれて、そのとき、そうだ、そうよね、さくらさんと呼ばれることはほめ言葉なんだ、と肩の力がふっと抜けました。それは浅草時代から激しい浮き沈みを重ねた渥美さんだからこそ言えた言葉なのかもしれません。

実際、渥美さんは体調のこともあったのでしょう、どこかで覚悟を決めたのか、ある時期から寅さん以外の仕事をほとんどすべて断っていたようです。

「何かあったら言えよ」が口癖でした。時々、私の頭を抱えてこぶしでグリグリしながら「おまえ、男にだまされるんじゃねぇぞ」と言ったり、「おまえ幸せか？　おれは幸せだよ」

と声をかけたりしてくれました。そして「さくら、どうしてる？　幸せか？」という短いメッセージの留守番電話も。

余分なことをせず、必要なときに必要なことだけをする。どういうことがいいのか悪いのか、渥美さんを見ていればわかりました。大切なのは、人間としてちゃんとした愛を持っているかどうかなんだと思います。お金でも学歴でもなくて。私は中学を卒業してすぐこの世界に入ったので、そのことを肌身で感じました。

人間としてまっとうに物事を見ることができるかどうか。相手の立場に立ってものを考えることができるかどうか。人間の優しさ、哀しさ、寂しさ、楽しさ。人間としていちばん大切なことを、私は渥美さんからいっぱい教えてもらった気がします。

何度もセットを振り返っていた姿

だから、渥美さんが突然、この世からいなくなったときは、自分の体に大きな穴ぼこがあいて、そこをスースーと風が通り抜けていくような虚しさにとらわれ、外に出ることもなく、思い出しては泣いてばかりいました。

病院に一度もお見舞いに行かないうちに、知らないところでいなくなってしまった。悲し

最終作となった『男はつらいよ 寅次郎紅の花』(第48作)でのお茶の間シーンです(山田洋次監督、1995年、写真提供:松竹)

くて、寂しくて、悔しくて、たとえ映像でも、動いている渥美さんはあまりに生々しくて見たくなかったし、コンサートなどで客席から「さくらさん」と声をかけられることすらつらかった。

肝臓がんが肺に転移していたとのことです。ずっとつらかったはずです。後半のほうでは、ベッドに寝たままでメイクをしてもらってもいました。最後のころには、病状が悪化して、ロケ先でファンに囲まれても、笑顔を見せることすらできなくなっていました。

晩年は一年に何度か入院して、治療しては撮影に入っていました。撮影に合わせて病気と闘っていたわけです。

あとになってわかったことですが、私が乳

がんで入院した病室が、渥美さんと同じ部屋だったと知ったとき、本当にビックリし、声も出ませんでした。

ずっと取材を断っていたのに、最悪の状態でNHKのドキュメンタリー取材を受け入れたのは、最後に寅さんだけではなく、俳優・渥美清の生の顔を見せておきたいと考えたのでしょうか。

最後の出番を撮ったあと、目に焼き付けるかのように、何度もセットを振り返っていた渥美さんの姿が忘れられません。

『男はつらいよ』第一作のとき、渥美さんが四十一歳、私は二十八歳。以後二十六年にわたって私たちは兄と妹を演じてきました。

「死ぬ」ということは、「いなくなる」ということはわかっているけれども、何かそれがうまく理解できないくらい、私にとっては大きな存在でした。命日は一九九六年八月四日。享年六十八でした。

忘れていくこと、忘れられないこと

一年ほど経ったころ、とにかく顔を上げて一歩ずつでも前に歩みを進めようと、渥美さんの思い出と、自分のそれまでの人生を『お兄ちゃん』（廣済堂出版）という本にまとめました。

そして講演会で渥美さんの思い出を語り、それをしっかり受け止めてくれる人たちがいて、少しずつ私の心の中にできた穴ぼこが埋まっていったようです。

ある日、テレビで渥美さんが出演している白黒の映像を目にしたとき、

「ああ、動いている渥美さんをやっと見ることができるようになった」

と思いました。

さくらさんも、少しずつ私の中から出ていったようです。そういうふうにして、さくらさんは自分の中から消えていくのだろうし、そういうふうにして人間は時の流れの中で少しずつ、そばにいた人も忘れ去っていくんだということを知りました。

二〇〇八年のかつしかシンフォニーヒルズ・モーツァルトホールでコンサートの開演前に、

「田所さんという方が面会にいらしています」

と、声をかけられました。一瞬わからなかったけど、「田所」は渥美さんの本名。はっとして迎えると奥様でした。奥様とは「お別れの会」以来でした。顔を見合わせた瞬間、しば

らく二人で呆然《ぼうぜん》と立ち尽くし、それから無言のまま抱き合って、背中をさすりあいながら、しばらく泣いていました。

私のコンサートのポスターを見てチケットを買い、「今日まで大事に持っていました」とおっしゃっていました。

ずいぶん経って、手紙の整理をしていたときです。奥様からいただいた手紙が出てきて、読むとやっぱりボロボロと涙が止まらなかった。

ああ、渥美さんはいつも私のことを本当の妹のように、娘のように気にかけてくれていたんだ。大切にしなければいけないことを、私はいっぱい見逃していたんじゃないかな。とても、とても大切な人を失ってしまったんだな――。

そんなことを感じて、だからこそ、これからはもっと人との出会いを大切にしていきたい、という思いを新たにしました。

今も柴又を歩いていると、横道から寅さんがひょいと現れるような気がします。思わずはっとして、なつかしいような、せつないような、不思議な気持ちになります。そんなかたちで寅さんは、お兄ちゃんは、渥美さんは私の中で生き続けていくんでしょうね。

第二章

本番、よーいスタート！

もっと何かある、まだ違う何かがある

もっと、もっと、とずーっと考えている人。

私の中の山田洋次監督の印象は、若いころから変わっていません。私がこれまで出演した約百七十本の映画のうち、その三分の一以上が山田監督の作品ですが、山田さんはいつも、

「もっと何かある。まだ違う何かがあるんじゃないか」

と頭を絞っているように見えます。

台本をもとに役者さんがテストを重ねている最中も、「こんなふうに話したり動いたりすると、もっと面白くなるのでは?」というアイデアが次々に出てくるんでしょうね。たとえお芝居がうまくいっても、「そこからもっと上に行ける」と山田さんがアイデアを出す。すると、

「ああ、そうか。じゃあこの辺りをこう変えていけばいいのかな。すると、もっと行けるのかな」

そう思って演じていると、実際にもっと上に行けてしまう。山田さんがまたちょっと何か指摘すると、また上に行けてしまう。どんどんお芝居が弾み、場面が息づきます。

「もう何も出ません」というときでも、まだ絞ったら何か出るんじゃないか、と山田さんは納得のいくまで突き詰めていくのです。だから、本番前のホン読みやリハーサルは、それだけ念入りに繰り返され、そしてまた本番でも……。

『男はつらいよ』の全作品で、最初に私たちが手にした台本そのままで撮影することはありませんでした。その場でセリフを変えることも少なくないけれど、撮影日の朝九時、私たちが「号外」と呼ぶ紙が配られることがよくありました。

号外には、その日、撮影するシーンの台本の「手直し部分」が書かれています。支度をしていると、

「ちょっと待ってください。今、号外つくっていますから」

そう言って助監督さんがペラペラの紙を持ってきます。私たちは湯気が出ているような、できたての号外を手渡され、手直しされた自分のセリフを必死になって覚えながら、セットに入ります。

うーん、なるほど、ここはこういうふうに変わったんだ――。

以前よりも確実に場面が生き生きと面白くなっています。こんな作業が撮影のギリギリまで続きます。新たに小道具を用意しなければいけない場合もあります。いったん撮影した箇

所が後日、撮り直しになったことや、撮っていないショットを撮り足す場合もありました。

『下町の太陽』という出会い

監督二作目の『下町の太陽』のときも、山田さんは撮影中によく考え込んでいました。

浅草の遊園地「花やしき」で相手役の勝呂誉さんと例の「ルルル」のラブシーン。「はじめに」でもご紹介しましたが、「あ、流れ星」「見てないのに、どうしてわかるんだ?」「だって〝ルルル〟って音がしたもの」という会話を交わします。

監督は難しい顔をしたまま椅子に座って黙り込み、撮影がまったく進みません。指に挟んだタバコがどんどん短くなって「熱くないのかな」。体がどんどん椅子に埋もれていって「ハンチングがずれて落ちるんじゃないかな」。見ているほうがハラハラしました。

山田さんがしきりと考え込む姿を見て、私は私で勝呂さんと二人で「私たちのお芝居のどこがいけないんだろう」と思い悩むばかり。いつまで経ってもオッケーが出ず、落ち込んだ私はメソメソ泣いていました。

ずいぶんあとになって、撮影がストップした原因は、私たちの演技ではなかったことを山田さんから伺いました。

「松竹社長の城戸四郎さんから、『この映画はそんなにかたくつくらないで』とNGが出て、台本を変えなければいけなくなって、それで悩んでいたんだ」

えーっ、そうだったんですか？　私は悲しさと情けなさで身を縮めていたのに。

『下町の太陽』は私にとって初めての主演映画であり、初の山田監督との作品でした。一九六二年に私が歌った「下町の太陽」がヒットして、当時流行っていた「歌謡映画」の一つとして翌年、映画化されたのです。

東京の下町にある石鹸工場で働く娘・町子をヒロインとする青春映画です。町子さんが暮らしているのは荒川沿いの下町。台本を読み出したとき、まず感じたのは、

あ、私が住んでいる長屋の人たちが、いっぱいいる！

ああ、こういうおじさんいたな、こんなおばちゃん実際いるよ。早くその世界に入っていって、こういう人たちと会いたい。早く撮影が始まらないかな。そんな弾むような思いでいたことを覚えています。

私が当時住んでいた滝野川からはガスタンクが遠くに見えて、路地に入っていくと小さなガラス工場がありました。映画そのまま。だから作品世界に自然に入っていくことができて、撮影が始まったときも、自分が暮らしていた下町の一角で仕事をしているような気分で

『下町の太陽』は初めての主演映画でした（山田洋次監督、1963年、写真提供：松竹）

した。当時、松竹ではこうした映画はほとんどつくられていませんでした。

川べりの土手で私と婚約者が語り合う、とても長いシーンがあります。婚約者は下町の工場からいち早く抜け出して、丸の内の本社で正社員として働くという夢を語ります。そんな婚約者に違和感を覚えた町子が別れを告げる大切な場面です。

何度も撮り直し、やっと撮り終えたとほっとしていたら、一週間ほどしてあらためて撮り直しとなり、私は仕切り直すのに大変でした。たぶん、撮影後から山田監督の中で「どうも違うな、何か違うな」という思いが募っていったんだと思います。

もともと「下町の太陽」は、キングレコー

ドの長田暁二さんがプロデュースして、私のイメージをもとに誕生した歌です。脚本を書いた山田さんも下町でたくましく生きる娘の生き方を町子さんに託したんだと思います。

それは私のもともとの持ち味を象徴するような役となり、私はこの映画をきっかけに「庶民派女優」「庶民派スター」と呼ばれるようになります。

そして私自身、この作品で演技をすることの難しさ、苦しさを初めて味わったような気がします。それまでは監督をはじめとするスタッフが言う通りにやっていればそれで大丈夫でした。それが、自分なりにセリフひと言ひと言の持つ意味を考えて、自分とは違うもう一人の人間になるという演技の面白さにも、ほんの少しだけ触れたように思います。

そしてヒロインの町子さんは、出世を目指す恋人との婚約を結局解消し、鉄工所で汗を流して働くまっすぐな青年に心惹かれるようになります。

その生き方は、『男はつらいよ』の第一作で、お見合いをした社長の御曹司との結婚を避け、小さな印刷工場で地道に働く博さんとの結婚を選ぶさくらさんに重なります。町子さんには、どこかさくらさんの原型があるように思えます。

あの船をどかせて、早く、早く

山田さんは「もっと、もっと、とずーっと考えている人」ですが、一方で一生懸命なあまり、すごくせっかちになったり、非常識だったり、ちぐはぐだったりするのが面白いんですね。

海をバックにした画面の構図が決まって、「はい、じゃあ本番」というときに、遠くのほうで船が画面に入ってくると、

「あの船をどかせて、早く、早く」

と無茶を言います。空を映した画面に飛行機が飛んでくると、

「あの飛行機、邪魔、邪魔。落とせないか」

これも無理。列車に乗って撮影しているときは、

「さっきの景色はないかな」

もちろん、景色はもうはるか後方に流れ去っています。

本番のとき、普通は「よーい、スタート！」で始まります。山田さんの場合は、

「本番、本番、本番、行くよ、行くよ」

「よーい、よーい、よーい……」

と言って、そのあとがなかなか出てきません。

おそらく「よーい」と言いながら、周りを見回して、役者やスタッフの状態をすべて確かめているんでしょうね。その意味では、自分がいちばん緊張していて、その緊張感を役者やスタッフを含めて全体に共有させようとしているんだと思います。

スタッフの間では「今回は、『よーい』を何回言ったかな」と数えていて、最高は十三回だと聞きました。

俳優さんの演技がどこか自分のイメージと違うと、山田さんはよく、

「ど、ど、どうして、どうして君はそうなるの?」

と尋ねます。聞かれた俳優さんも、

「そ、そ、そんなふうに言われても、ちょっとわかりませんけれども……」

監督と俳優さんのこうしたやりとりは、少し離れたところで見ていると、とても面白くて勉強になります。山田さんの中にはきちんとしたイメージがあって、それがうまく役者と共有できていない感じ。少しちぐはぐな会話から、だんだんイメージがより合わさっていくんでしょうね。

「あなたはどこに帰る人なの?」というダメ出し

それがいちばんよくわかったのは、エキストラさんへのダメ出しでした。手前に、とらやの中にいる寅さんとさくらさんのアップを捉えて、背景の参道を通行人が自転車に乗って通りすぎていくというシーン。

お芝居が始まって、通行人のエキストラさんが普通にすーっと駆け抜けたら、山田さんからダメ出しの声。

「違う、違う、違う、違う」

「え? 私かな?」と思ったら、私の前を通り過ぎ、エキストラさんに突進していって、

「あなたは今、どこから来たの? どこに帰る人なの?」と問いただしています。

「こういうところを通るにも、子どもが待っているから早く家へ帰ろうだとか、ああ美しい夕暮れだなぁって思ってゆっくり帰るとか、歩き方の一つひとつ、自転車の乗り方一つひとつ違うでしょう」

山田さんの中では、その通行人は、たとえば一杯ひっかけるかなんかして、タラタラした感じで通りすぎるというイメージだったのかもしれません。その「タラタラ」が「すーっ

エキストラの一人ひとりにも命を吹き込みます。写真は『男はつらいよ　花も嵐も寅次郎』より（第30作、山田洋次監督、1982年、写真提供：松竹）

と」になってしまったものだから、手前の寅さんとさくらさんの動きともタイミングが合わない。だから途端にダメ出しをしたんでしょうね。

手前の寅さんとさくらさんにカメラのピントは合っているので、参道の通行人は少しピンが甘くなって映ります。そこには役者でもなければ役者志望でもない人たちだっています。

そういう人たちのわずかな役にも山田さんは命を吹き込もうとして、それぞれどんな家庭で育った人間か、どんなふうな暮らしをしているか、今、何を思っているのかをちゃんと見るようにしているんでしょうね。

もしかしたら、山田さんのエキストラさん

へのダメ出しは、芝居はそんなふうにするんだということをみんなに伝えるためなのかもしれません。

ああ、なるほどなぁ。今、子どもが病気なのか、それとも銭湯の帰りなのか。それで自転車の乗り方ひとつも違う。みんな同じ歩き方をしているわけではないし、ただ歩いているのでもありません。その人の生まれ育ち、状況、気分でみんな違います。

そう考えると、歩き方ひとつ取ってみても、画面に映ることを考えたとき、「ちゃんと生きた歩き方」というのがあるんだな、歩き方って難しいなぁと教えられました。だから山田さんの作品には隅々まで無駄な人がおらず、それぞれに存在感があります。

そのことと、たぶん関係があるんだと思いますが、山田さんは人間に対する好奇心がとても強い人なんだと思います。私たちが雑談で話しているときにも、少しでも自分のアンテナに引っかかると、

「それはどういう意味なの？」

「そのときに、あなたはどういうふうに言ったの？」

と根掘り葉掘り尋ねられます。

とくにスポットライトが当たっている人たちではなくて、後ろにできる影の中にいるよう

な人たちに対して。

たとえば、高度成長期の日本を捉えた『家族』（一九七〇年）を撮るきっかけになったのは、山田さんが東京の郊外の駅で父子四人の労働者一家を見かけたことだと聞きました。荷物を抱えたその家族がどうしても気になって、彼らを観察しながら、ずっとあとをついていったそうです。そうした体験から一家が列島縦断の旅をする映画が生まれたそうです。人間の表ではなく、裏を見る。山田さんの体の中にある優しさとか悲しさ、寂しさ、恨みつらみを含めて、そういった人たちが抱えているものと響きあって、時代を超えた作品が生まれるんだと思います。

役者のいろいろな引き出しを開ける

台本ができて、リハーサルをする。でも演じる側として、なんとなくお芝居がうまく流れていないなと感じるときがあります。どこにどういう問題があるのかはわからないのですが、何かがすんなり行っていない、なんだか腑《ふ》に落ちない。

「そんなふうに全体がうまく行っていないときは、台本がうまく書けていないからだ。自分が書いた台本の何かが違っているんだ」

山田さんはそう言って、台本の書き直しを始めます。そう、例の「号外」です。そういうときは午前中がすべて号外の待ち時間になってしまったことも何度かありました。

初めて出演するゲストの俳優さんが持っている「引き出し」に合わないセリフや流れがあると、その役者さんに合わせて書き直すこともあります。

それぞれの役者さんには自分の「引き出し」があるんじゃないかな、と私は勝手に思っています。自分の中に「こういう役のときは、こういう性格で」という引き出しがあって、それを引っ張り出して、自分にあてはめてみたり、自分がそこに入ってみたりするんじゃないかな。

私が見て感じている限りでは、山田さんは自分の意図したイメージのほうに強引にお芝居を持っていくのではなく、その役者さんの持っているいろいろな引き出しを開けて、

「台本とは、ここの部分で合わなかったから、今度は違う引き出しを開けてみよう」

と台本を手直ししたり、場合によってはカメラの位置を変えたりします。

もちろん、登場人物には、山田さんの中でしっかりしたイメージあります。たとえば浅丘ルリ子さんが演じるリリーさんは、こんな性格をして、こんな言葉を口にして、こんなふるまいをする。それはその役者さんの持つイメージとさまざまな引き出しに応じて、山田さん

がつくりあげた人物です。

逆にいうと、役者さんには、それぞれ台本を読んだときや、監督が演出しているときに、どんなイメージが求められているかを正確に把握できる力が求められます。

俳優さんによっては、演出について監督と議論したり異を唱えたりするという話を時々、耳にしますが、私には考えられないことです。

どんなにその作品が好きで、その役に思い入れがあっても、作品の全体像を客観的に把握して、最も考え抜いているのは監督であり、監督を信じて、その演出に百パーセント、百二十パーセント応えることが自分の仕事だと私は思っています。

役者さんからどんなふうにして最高の演技を引き出すかは、監督さんによってやり方も違うと思うんです。言葉で丁寧に説明する人もいれば、何度も繰り返しやらせる人もいる。自分がやってみせる人もいます。

現場に慣れていない役者さんに、その場で直接指示したり注文をつけたりしても、だいたいは緊張して、よけい何もできなくなってしまう人もいるんですね。

山田さんの場合、初めて現場に入った役者さんへの指示は、源ちゃんこと柴又題経寺の寺男・源吉役の佐藤蛾次郎さんに向かって言って、それとなくその役者さんに伝えるというやり方もしていたようです。

いうなれば「叱られ役」でしょうか。そうなると、蛾次さんはいろいろなタイプの叱られ方をすることになります。前回とまったく逆の叱られ方をするときだってあります。蛾次さんもそれを承知でいて、折に触れて、

「おれは叱られ役だからな」

と話していました。もちろん、蛾次さん本人が叱られることもあるけれども。でもそれでいいんだろうな。そのほうがきっといいんでしょう。だいたい怒られると、人って萎縮してしまいます。のびやかに演技できず、役者のいいところが引き出せませんから。

蛾次さんは私の料理の先生、知恵袋でもあるんですが、こんなところでも大事な役割を担っていました。

一日中、何十回もの撮り直し

これまで七十本近い山田監督の作品に出演させていただきましたが、最初に台本を読んだときに、私が抱いた自分の役のイメージと山田さんの思うイメージがずれていた、といった

記憶はありません。

さくらさんの演技については、「できなくてどうしよう」と困ることもなかったし、山田さんから決定的なダメ出しをされたことがなかったような気がします。

でも、寅さんよりも前の『運が良けりゃ』（一九六六年）では、何度も同じシーンをやり直しました。

山田さんには珍しい時代劇。江戸の貧乏長屋に生きる人々をブラックユーモアたっぷりに描いた喜劇です。ハナ肇さん演ずる熊さん、犬塚弘さんの八っつぁん。下町の人情味にあふれて、私の好きな映画の一つです。

私の役は熊さんの妹です。欲深い金貸し婆さんが溜め込んだ小銭を餅に包んで、次々に呑みこんでいく姿を、隣の部屋からのぞき見して、びっくりしてのけぞってしまうシーン。うまくできずに何度も繰り返しました。

渥美清さんも火葬場の守役で顔を出しています。わずかな出番ですが強烈な演技で場をさらっています。『家族』『幸福《しあわせ》の黄色いハンカチ』『遙かなる山の呼び声』……。渥美さんは、いわばチョイ役の短いシーンでも、いつも見る人に強い印象を残します。

やり直しと言えば、絶対に忘れられないのは、『酔っぱらい天国』（一九六二年、渋谷実監

『酔っぱらい天国』で、笠智衆さんと（渋谷実監督、1962年、写真提供：松竹）

督）の撮影です。一つのシーンを何十回やったかわからないくらい一日中、やり直しをさせられました。

シュミーズ姿の私が、私の恋人を死なせたプロ野球投手（津川雅彦さん）とアパートのベッドで寝ています。窓際に行くと、恋人の父親（笠智衆さん）が近づいて来るのが見えます。「まずい！」と言って、ベッドの津川さんをまたぎ飛んで横に寝るという、それだけの短いシーンです。

大船の撮影所の道にベッドと窓と壁だけのセットがありました。

「違う、もう一回。違う、もう一回」

とひたすら繰り返しました。どこが悪いのか、まったくわかりません。振り返り方なのか、飛び上がり方なのか、ベッドへの跳び乗り方なのか。追い詰められて、もうにっちもさっちも行かなくなってしまいました。私の映画人生の中でも、やり直しの最多記録でしょうね。

私は映画の世界に入って二年目でした。渋谷監督からは演技についていろいろ学べるといわれていたので、「渋谷組に入って鍛えられなさい」という松竹の配慮のような気がしました。

この映画では私が話すセリフのアクセントがおかしい、とも言われました。茨城に疎開していた私には言葉が尻上がりになる茨城弁のアクセントが残っていたようです。

「乙羽信子さんのもとで勉強しておいで」

と言われて、撮影後に台本を持って、乙羽さんのところに行って指導を受けていました。

『男はつらいよ』のやり直しで思い出すのは、博さん役の前田吟さん。一作目でさくらさんにふられたと思い込んだ博さんが、工場を辞めて出ていくことを決心し、さくらさんに募る思いを立ったまま告白するワンカット、約一分間の印象的なシーンです。

「僕の部屋からさくらさんの部屋の窓が見えるんだ。朝、目を覚まして見ているとね……」

「僕は出ていきますけど、さくらさん、幸せになってください」

吟ちゃんは、しっかり自分の演技プランがあって、それをもって臨んだけれども、山田さんに、

「そんなにオーバーじゃなくていいんだ。もっと普通で」

て言われて、何回もテストをやり直すことになります。

「あのときは吟ちゃんが大芝居してさ」

と山田さんはなつかしそうに振り返り、そうそう、確かにあのカットは何回もやったな、と思い出しました。

私は大変だなぁと思いながら、「今度こそうまくいって」「今度こそ」と祈るような気持ちで見ていました。そして今度は自分が、本番までに気持ちが保てずに、NGを繰り返すことになるんじゃないか、と不安でした。

渥美さんの没後二十年記念上映会で、この博さんの告白シーンを久しぶりに映画館で見たとき、なんだか胸がいっぱいになって涙があふれてきました。

一台のカメラで一ショットずつ撮り重ねる

『男はつらいよ』の撮影日程は二カ月間取ってあり、だいたい四十日間で撮影を終えていました。

撮り始めは、だいたい冒頭の寅さんの夢のシーンだったり、寅さんが旅先からとらやに帰って、茶の間でみんなにみやげ話を語って聞かせるシーンだったりします。

山田監督の撮り方は、一台のカメラで何度もショットを重ねて撮っていく昔ながらの手法です。昔は撮影に使えるフィルムの長さも決められているほどフィルムが高価でした。カメラを何台も使うと、お金がかかって仕方ありません。

デジタルカメラが普及した今では、映画現場でも複数のカメラで撮影することは珍しくなったようです。でも山田さんは、一台のカメラを使い、映像に独特な質感が出るフィルムで撮影していらっしゃいました。

このやり方、実はすごく時間と手間がかかります。松竹の撮影所がなくなってしまった今、毎回スタッフが違い、いろいろなところから集まります。だから、同じ会社で育った先輩が、後輩に何かを教えつないでゆくということもなくなってしまいました。

寅さんの撮影現場では、まずシーンごとにカメラや照明、音響、大道具、小道具などのスタッフ全員が見守る中、役者たちが監督の演出に従って芝居のテストを何度も繰り返します。芝居のかたちが固まると、

「はい！　じゃあ、みなさん、はけてください」

といったんその場を崩し、

「最初のカットは渥美さんのアップから行きます」

などと声がかかります。助監督さんが渥美さんの代わりに座ったり動いたりして、カメラや照明、小道具の角度や位置を決めて、それぞれが固まると、

「はい！　じゃあテスト行きます」

今度は渥美さんが入ってテストが始まります。

そして何回も、何十回もテストが繰り返され、本番になります。

その次は、寅さんの話を聞いているさくらさんのアップだったり、博さんのバストショットだったり、さくらさんの肩越しの寅さんだったりと、監督の考えたカット割りの流れに従って、同じように撮り重ねていきます。

一台のカメラで撮影するこの方法は、カットごとにカメラや照明の位置を変えなければな

山田洋次監督と、カメラマンの高羽哲夫さん。『男はつらいよ　寅次郎わが道をゆく』の現場です（第21作、1978年、写真提供：松竹）

りません。カットごとのつながりと流れを役者自身もしっかりと把握しておかないと映像がうまく流れなくなります。

誰かがセリフを間違えたり、合いの手のタイミングがずれたり、音声さんがうまく録れていなかったりすると、また最初からやり直しになります。

演じる側からすると、セリフや動きといった表に見えるつながりだけではなく、内側の気持ちがずっとつながっていなくてはいけません。喜怒哀楽とか不安、驚き、感動。テストを何度繰り返しても、同じ色をした心を持って撮影に臨めるような状態に自分を持っていく必要があります。

だから、自分の出番がない待ち時間をどう

過ごすかは大事です。気持ちが途切れないようにつないでおく方法は人によって違うと思いますが、たとえば同じ場所にいて、同じ空気を呼吸していないと気持ちが逃げてしまうという役者さんもいるでしょう。

これに対して、複数のカメラを使うテレビのスタジオ撮影だと、一つのシーンに対してロングやアップなどさまざまな映像を同時に撮影できます。これだと流れも途切れず、本番一回から二回で終わることができるので効率的です。

実際、私がテレビドラマに初めて出演したときは、「テレビの撮影は流れが途切れなくていいな」と思いました。けれども、そのぶんテレビはすごい勢いで撮っていくので、スタジオに入るとスケジュール表をひたすら消すという感じがありました。

一台のカメラで一秒や一分のショットを一つ一つ積み重ねていくやり方は、監督、俳優、美術や照明、音声といったそれぞれの立場の人たちに、何度繰り返しても同じことができる技術が必要とされます。それがプロということであり、そこが映画の現場の醍醐味ではないでしょうか。

高羽哲夫さんが捉えた映像

映画は同じ監督でも、カメラマンによってまったく違う映画になるんでしょうね。山田さんが絶対的な信頼を置いていたカメラマンが高羽哲夫さんでした。『馬鹿まるだし』（一九六四年）以来のすべての山田作品の撮影を担っていたのが高羽さんです。

『男はつらいよ』をはじめ二人が組んだ作品は、高羽さんのカメラが捉えたアングルの「絵」が基本になって、山田さんがそこにさまざまな色を加えていきます。シナリオ前の下取材の段階から高羽さんは山田さんに同行し、作品の内容を生かす映像づくりに力を注いでいました。

現場でも監督の指示に、

「いや、山田さん、これはこちらからのほうがいいんじゃないですか」

という場面も多々ありました。

『同胞《はらから》』（一九七五年、山田洋次監督）は、過疎の村で青年会が劇団の公演を計画して成功させるまでを描いた青春映画です。ロケ地は岩手県松尾村（現八幡平市）でした。

自分の撮影が終わった私が現場を眺めていると、高羽さんがカメラを構えて、田んぼの情景をかがんで撮っていました。何だろうと思ってカメラの先を見ると、ちょろちょろと水が流れて、そばに小さな黄色い花が咲いています。

そのときは、「へー、あんな草花を撮るんだ」とだけ思っていたんですが、あとでそれが映像となっているのを見たときは、

「ああ、あのちっぽけな花が、こんなふうな絵になって映画を彩るんだ！」

と心が揺り動かされました。黄色い花が画面の中で一生懸命に生きている。

「小さくても、あんなところでけなげに咲いているんだよね」

そういう気持ちが高羽さんの撮る画面に表れています。

青空にぽっかり浮かぶ白い雲や、鳥の群れが飛んでいく茜色の夕焼け空、遠くに海を臨む家並み……自然の景色や町の情景は、ほんの数秒のカットでも、映画を見ている私たちをほっとさせ、のびやかな気持ちにさせてくれていたんですね。

『男はつらいよ』で毎回登場する、寺男の源ちゃんがお寺の鐘をつくシーンも、青空に浮かぶ入道雲も、同じようでいて毎回やっぱり違います。

夕暮れどきに、電車の窓から外側に流れていく風景を撮るとき、カメラを構えた高羽さんは話してくれました。

「ほら、あそこの山の裾野に明かりがついているだろ。あんなところにも人がいて生活をしているんだよ」

山田さんと同じように、大きなものよりも小さなもの、光の当たる場所よりもその陰になるほうに心を向けて、優しく見つめる感性とでもいうんでしょうか。高羽さんの捉えた絵には、多くの小さなものや目立たないものが映っています。

画面の枠の中で役者がどう映ればいいか

「倍賞君、ちょっと来てごらん」

ある日の撮影の合間、高羽さんに手招きされて、カメラのそばに呼ばれたことがありました。とらやの茶の間から店の外を撮影しているカットでした。

「倍賞君がいた位置に僕が立ってみるから。君がスクリーンの中にどういうふうに映っているのか、カメラのここ、のぞいてごらん……こういうふうに映るんだよ。僕がこう横に動くと、画面からはみ出ちゃうでしょう。だから、はみ出ないような位置で芝居しなければいけないんだよ」

「へー、私はこの画面のこの辺りに、こんなふうに映っているんだ」

確かに画面の構図や背景のぼかし具合などは、実際にカメラをのぞいて見てみないとわかりません。

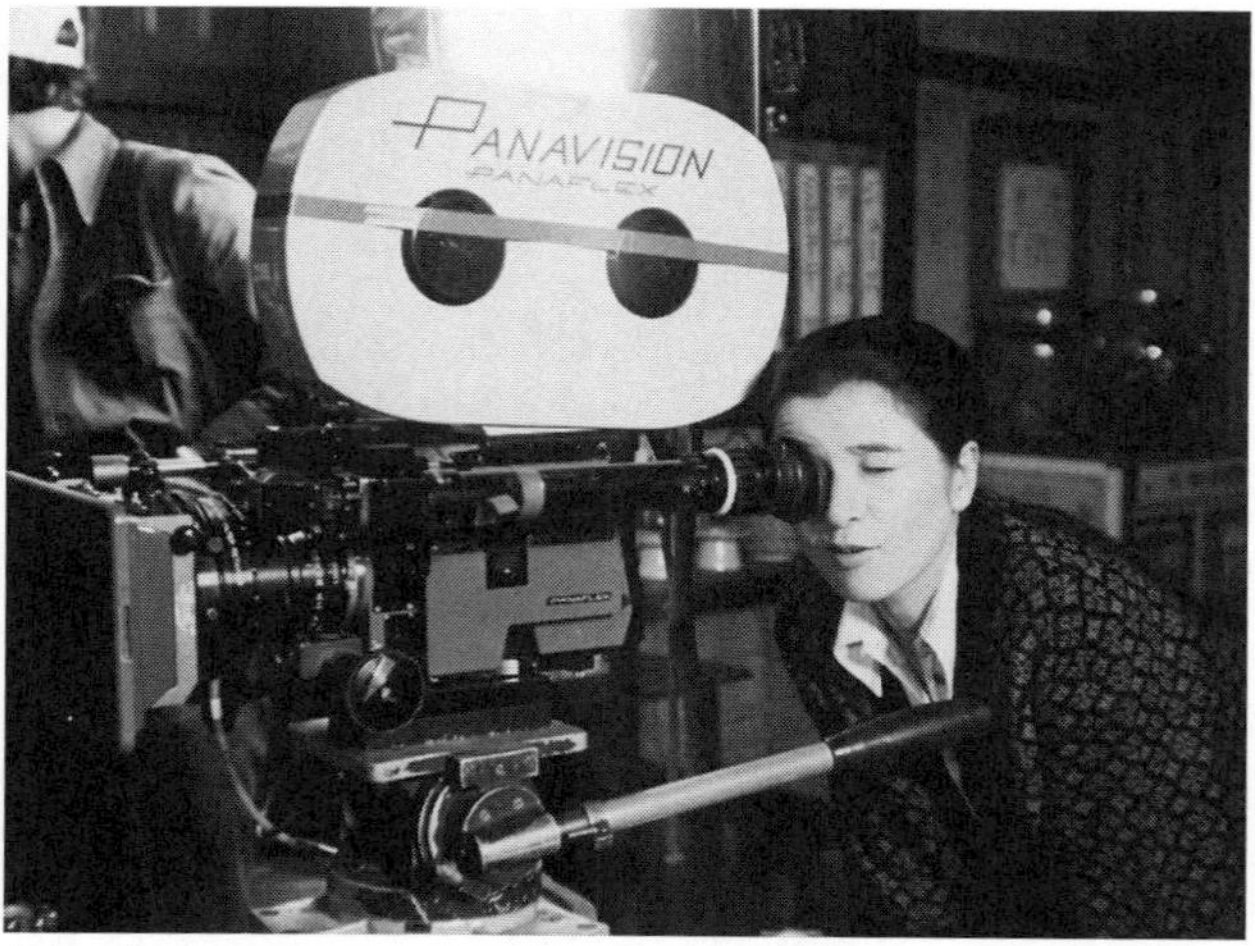

どういうふうに映るのか、カメラをのぞかせてもらいました。『男はつらいよ 噂の寅次郎』の現場です（第22作、山田洋次監督、1978年、写真提供：松竹）

私はそれから、カメラが捉えた枠の中のどの位置にいて、どういうふうに映っているか、どういう距離でほかの役者さんといればぴったり収まるのか、などを考えるようになりました。よその現場で仕事をするときも、撮影となると構図や背景を確かめるために、

「すみません、ちょっと見せてください」

とよくカメラをのぞかせてもらいました。

「ああそうか。ここでしゃがんじゃったら何も映らないんだ」

「ここまで行ったら画面から切れてしまうから、切れる寸前のところで少し芝居をすればいいんだ」

そんなふうに、画面という枠の中でどういうふうに映り、どうお芝居すればいいのかを高羽さんに教えられました。

高羽さんとは山田監督以外の作品でも、よく一緒になりました。たとえば、フランキー堺さんと共演した瀬川昌治監督の『喜劇・大安旅行』（一九六八年）や『喜劇・婚前旅行』（一九六九年）といった「旅行」シリーズ。

漫画的な面白さの「旅行」シリーズ。写真は『喜劇・婚前旅行』（瀬川昌治監督、1969年、写真提供：松竹）

同じ喜劇でも山田さんとは対極のタイプでした。山田さんの作品は、日の当たらない人間が奮闘努力して、成功したり失敗したりするリアリティがあふれる喜劇。練って練って繊細に人間を撮っていきます。一方、瀬川さんの喜劇は、こっけいで漫画的な面白さ。粗削りでも、勢いで本番まで持っていくタイプです。

カメラマンが同じ高羽さんでも、監督が違えば、「よーい、スタート」から「カット」まで画面のつくり方、カットのつなぎ方、お芝居の仕方がまったく違うし、もともと追い求めているものが違います。

「同じ喜劇でも全然違うから不思議ですね」

「そうだね、映画って面白いね」

高羽さんと二人でロケ先に行く途中、よくそんなふうに話していました。

何気なく動いて背景を演じる

『男はつらいよ』の中で、寅さんとおばちゃんの二人が手前で言葉を交わし、その奥のほうで博さんが新聞を読んでいたり、おいちゃんが草もちを箱に詰めていたりする姿が映っている、というシーンがよくあります。

私はこの「背景」、つまりアップで演じるよりも、誰かのアップの後ろで何気なく動いているという芝居がけっこう好きなんです。

画面の背景では、自分がその「奥行き」の部分を演じなければいけません。視線はあさってのの方向に向けつつも、全体にアンテナを張りながら、撮られているアップの役者さんがどういう動きしているかを頭に入れて演じる必要があります。

背景での演技は、お芝居の流れの中で動きが決まっていたり、山田さんの演出によって自分で動きを決めたりなど何パターンかあります。たとえば、とらやのロングショットで、「ここのカットで、さくらさんは少しだけ映るけれども、大きく動いてみてください」と指示されれば、お団子を盛った皿を運んでいくとか、お店のテーブルをさっと拭くとか、といった動きが決まってきます。背景に動きをどうしても入れたいから、

「お団子をこっちに運んでください」

と言われるときもあります。

「なんでもいいので笑って映ってください」

と言われれば、笑いながらの動きをちょっと考えてお芝居を変えることもあります。

だから画面の中では、おいちゃんが餡子《あんこ》をこねていたり、おばちゃんがお茶碗を重ねていたり、さくらさんが満男の宿題を見ていたり、お客さん同士がしゃべっていたり、とそれぞれがそれぞれの作業をしながらドラマが進んでいきます。

山田監督の映画の画面が深く、全体が躍動しているように感じるのは、奥行きまで人間が生きているからなんだと思います。

そうして一台のカメラで撮り重ねたカットは、そのままつながれていくのではなく、そこ

に編集の石井巌さんが加わっていき、一つのショットの長さやカットするタイミングを決めて、映画の流れとリズムをつくっていきます。山田さんが言うには、

「映画にとっては編集の力がとても大きく、それが作品を左右する」

編集は、できあがったフィルムだけを手がかりとして映像をチェックします。それは、つまり観客と同じ視点に立っているということです。撮影現場を知らないため、現場でどれだけ苦労して撮影したカットでも、映画全体のためにはないほうがいいと判断したら、遠慮なくカットを主張します。

山田作品のほぼすべての編集を担当した石井さんのセンスに、山田さんは全幅の信頼を置いています。

「このシーンはどうしてもアップのカットがほしい」

そんな石井さんの指摘によって、すべて撮影が終わったあとでも、あらためて一シーンを撮り足すということもありました。

衣装選びの試行錯誤

役者にとって衣装はとても大切です。渥美さんが衣装担当から衣装を手渡してもらって、

初めて寅さんになったように、衣装を着て、ぱっと役に変わってしまう。これは男女を問わず、俳優たちには共通して言えることでしょう。

さくらさんの衣装は、スカートかスラックスにセーターかブラウス、それにエプロン姿。最初のころはスカートにハイソックスが定番でした。

ミニスカートが流行ったときは、うんと短くすると、さくらさんではなくなってしまいます。だから中途半端に短くします。長い丈のスカートが流行したときは、そのまま流行の長さで着ると、やっぱりさくらさんではなくなってしまう。だから少しだけ短くしたスカートをはく。そのとき、ハイソックスだった靴下の長さも変わりました。

つまり、さくらさんはいつも「最先端」ではないんですね。

現場でもめたのは、一時期はやったパットです。衣装部さんがセーターを買いに行くと、ほとんどパットが入っていました。でもそれをそのまま着ると、さくらさんではなくなってしまうでしょう。

といっても映画はその時代を映し、登場人物だって社会を反映しているわけですから、さくらさんもそれなりにパットの入ったセーターを着よう、ということになりました。じゃあどれくらいの大きさのパットにするか——衣装さんと話して、ずいぶん試行錯誤しました。

それに対して、さくらさんの髪型は、いつも髪を後ろに束ねたひっつめ髪です。でも髪を引っ張り続けると、額にそりが入るのが気になります。

さくらさんをずっと演じ続けることに、どこか抵抗と疲れを覚えていたころです。一度、前髪を切ってちょっと斜めに下ろして、スタジオ入りしたことがありました。

「すいません、監督。これからこういう髪型にさせてください」

と言ったら、山田さんはひと目見て、

「どうしたの、倍賞君！　さくらさんは、あの頭じゃなきゃダメだよ！」

山田さんの中で、さくらさんははっきりと、あのラッキョウのような形をしたひっつめ髪のイメージなんでしょう。私はあわてて前髪をラッカーで固めて、いつものようにおでこを出しました。

海苔のお歯黒でニッ

『男はつらいよ』が始まったときは、スタッフも出演者もみんな若く、スタジオの中は照明さんや小道具さんの威勢のいい声が飛び交って熱気にあふれていました。でもシリーズを重ね、時が経つにつれて次第にスタジオ内は静かになっていきました。

渥美さんも以前はスタジオの表でよく立ち話をしていたけれど、最後のほうはくるまやのセットの隣につくった専属の控え室で横になって休んでいました。

そんなふうに、みんながどことなく疲れているときや沈んでいるときに、私がよくやったのは「お歯黒遊び」でした。歯に海苔を貼って、しゃべっているときにニッと笑う。初対面の人と食事するときにこれをすると、お互いの緊張が一気にほぐれます。

お歯黒で笑わない人には、眉毛とほくろと歯の全部に海苔をつけてニッと笑う。これで笑わない人はいませんよ。私のとっておきの持ちネタです。

第四十八作『男はつらいよ　寅次郎紅の花』の現場でも、リリー役の浅丘ルリ子さんに、

「一緒にやりません？」とお歯黒遊びを誘ったら、

「やだ、こんなことやるの」

と言いながら、ルリ子さんもけっこうノリノリでやってくれました。お団子屋さんのセットの椅子に座って記念写真を撮りましたっけ。

浅丘さんとはお芝居の周波数が最初からピタッと合いました。個性的な役を演じてきた浅丘さんと、私の持ち味とが対照的だから、よけいに惹かれるのでしょうか。凛としていて、かっこいい。俳優さんとしても尊敬しているし、プライベートでも仲よくさせていただいて

います。

これまでいろいろな喜劇に出て、いろいろな持ち味の役者さんと共演してきました。『なつかしい風来坊』（一九六六年、山田洋次監督）などでご一緒したハナ肇さんは、粗暴でエネルギッシュな役どころ。クレイジー・キャッツを引っ張っている力強い兄貴というか親分肌でした。同じ山田作品でも、巧みで細やかな渥美さんとは持ち味がまったく違います。

フランキー堺さんの場合、お芝居は漫画チックだけれど、現場では意外とデリケート。都会風なところは、泥臭いイメージの伴淳三郎さんとは対照的です。

『愛の讃歌』（一九六七年、山田洋次監督）をはじめ、よくご一緒した有島一郎さん、佐野周二さん、沢村貞子さん。にじみ出るような味わいのある役者さんが本当に少なくなりました。時代でしょうか。

山田組スタッフの底力

『家族』で私が演じた民子さんが、長崎から北海道に向けて旅をするときに着るスーツがなかなか見つからず、助監督さんと一緒に浅草に何十軒もある古着屋さんを丸一日かかって探し歩きました。結局、浅草では見つからず、長崎や広島でも探し歩いて、探し当てました。

『遙かなる山の呼び声』だったか、被り物を求めて北海道の中標津の町を毎日探し歩いたこともなつかしく思い出します。「あっ、これだ」とラメの入ったスカーフを探し当てたときは、本当にうれしかった。そのお店はまだ中標津にあります。

美術の出川三男さんや衣装の町田武さんも、山田組の古株です。小道具の露木幸次さんは存在そのものがユーモラス、私とはよく冗談を言い合う仲でした。

山田さんもツーちゃんの芝居っ気を買って、柴又の参道で寅さんから「相変わらずバカか?」とからかわれる「備後屋」の役を佐山俊二さんから引き継がせました。岡持《おかもち》を持って、セリフを言って、いつのまにか寅さん映画の常連になっていました。

寅さんが田舎道を歩くシーンで、あぜ道にいつも咲いている花は、美術部が撮影所からトラックで運んで植えたもの。看板やのれん、壁に張ったポスターなどは、生活感を出すためにわざと汚したりしています。

おばちゃんやおいちゃん、それぞれが使う湯飲みは、毎回同じものを小道具さんが用意してくれていました。

とらやは、セットでも地面が昔の民家のように三和土《たたき》になっていて、お勝手に行くと、いつもツーちゃんお手製のイカ入り芋の煮っ転がしができていました。できたてはおいしいけれど、テストのたびに湯気を出すために熱湯をかけるから、どんどん味がしなくなります。でも食べるシーンはおいしそうに食べなければいけない。NGを出した人は責任重大でした。

柴又の「寅さん記念館」に行くと、大船撮影所で実際に撮影に使ったくるまやのセットを見ることができます。

草色ののれん、お品書き、黒電話、ちゃぶ台。寅さん愛用のトランクのほか、タコ社長の活版印刷工場には伝票や書類もあって、インクのにおいも再現されています。劇中の効果音を構成して、柴又の一日も。監督をはじめとする山田組のスタッフたちのこだわりを知ることができます。

お芝居は一人でそこにぱっと立ってできるわけではなくて、監督、俳優、撮影、美術、編集、音楽、衣装、照明、音声……。それぞれのプロが精いっぱい力を尽くして、初めて役になりきり、豊かなシーンが生まれるのです。

思いやりや優しさが詰まった映画

渥美さんの没後二十年の命日に当たる二〇一六年八月四日。東京・築地の東劇（東京劇場）

で記念に上映された『男はつらいよ』のシリーズ第一作を山田監督やお客さんと一緒に見ました。もうずいぶんと久しぶりに映画館で味わった「寅さん」でした。

私が映画の世界に入った一九六〇年代、すでに映画という娯楽は下り坂に入っていました。その中で、この『男はつらいよ』は一九六九年に第一作が公開されてから、みるみる観客動員数を伸ばし、あっという間に二百万人を突破して、松竹だけでなく映画界全体を盛り上げていきました。

そして一九九五年までの二十六年間で全四十八作、観客動員数は約八千万人。日本中で愛され、「一人の俳優が演じた最も長い映画シリーズ」としてギネスにも認定されます。

初めのころに、山田さんがおっしゃっていました。

「映画館に見に行ったら、お客さんが笑って客席が揺れているんだよね」

当時はみんな黙って見てなんかいません。隣と言葉を交わしたり、登場人物に声をかけたり、客席とスクリーンとが一体となって――今ではもう見られない光景でした。

やっぱり映画はお金を払って、映画館で見なくては。照明がすっと落ちたあと、目の前いっぱいに広がる映像。劇場空間を満たす音。そして客席からいっせいにわき起こる笑い声、すすり泣き。

私は自分が出演した映画を滅多に見ることはありません。でも封切りから半世紀近く経って『男はつらいよ』の第一作を見たときには、自分が出た映画というよりも、一つの作品として客観的に見ることができたような気がします。

えーっ！　と驚くようなところ、こういうシーンだったっけ？　と不思議に思うところもあったけれど、笑ったり涙を浮かべたりしながら素直に思いました。

ああ、すごく面白い、すばらしい映画だなぁ。

第一作以降、とらやには、ずいぶんいろいろな人が出入りします。寅さんが帰ってくると決まって大騒動になるけれど、どんなにびっくりするような美女が訪ねて来ても、とらやのみんなは心いっぱいにもてなします。

「こんなところじゃなんだから、まぁ上がってお茶でも一杯」

「夕飯、ぜひご一緒に」

「まず、お風呂でさっぱりして」

「今夜は泊まっていったら」

お兄ちゃん、おいちゃん、おばちゃん、博さん、タコ社長、御前様《ごぜん》、源ちゃん、そして、さくら。日本の庶民の温かな情愛の中で生きている人たちがたくさん登場する映画です。

そこには、人に対する思いやりとか優しさがいっぱい詰め込まれています。それらは世の中が便利になるとともに失われつつあるけれど、やっぱり何年経っても人間にとって変わらず大切なものとして、あの映画の中でしっかり息づいています。

見たら元気をもらえる映画。ほっと安心できる映画。だから今でも人気を保ち続けているし、今からもっと見直されるような気がします。そんな映画づくりに、出演者の一人として参加できた私は本当に幸せでした。

私はこの映画から、人と人とのつながりをつくることの大切さ、人間の優しさとか悲しさ、人間の見方、生き方、本当の心のあり方を学んできたように思います。そう、『男はつらいよ』は私にとって玉手箱みたいな映画でした。

第三章

北海道、そして健さん

吹雪の中に飛び出して

すごく吹雪《ふぶ》いてきたな、と思うと、なんだかわからないけど、外に出て歩きまわりたくなります。『駅 STATION』（一九八一年、降旗康男監督）の撮影で、日本海に面した北海道の留萌を真冬に初めて訪れたときもそうでした。

宿泊したホテル二階の部屋から外を見ると、バーッと横なぐりに吹雪いていて、町全体が雪にすっぽり覆われています。真っ白に塗りこめられたその景色は、今も目の奥にはっきり残っています。

私は無性に外に出たくなって、ダウンジャケットを着こんで吹雪の町なかをうろうろ歩きまわり、私が演じることになる桐子さんの居酒屋がありそうな場所に行ってみたりしていました。

雪が舞って、すぐ目の前のものが見えなくなるなんて、それまで経験したことがありません。そんな自然の厳しく過酷な中でみんな息をひそめるようにして暮らしているわけです。本当にすごいなぁと思います。撮影の期間はそんなふうに、吹雪いてきたなと思うと、なぜか表を出歩いていました。

冬の北海道は気をつけないと、すぐ近くまで行くのにも遭難することがあります。でも、そのころは怖いもの知らずで、猛烈に吹雪いているときも、雪煙をあげて除雪するラッセル車が稼働するときも、子どもが雨の中を長靴でジャバジャバ歩いていくように、外に飛び出していました。

真っ白な雪景色は、おとぎ話のように幻想的できれいです。そして、雪はそこにあるすべてを隠してくれます。

でも夏の留萌を訪れたときは街並みに色がつき、「え？　こんな町だったの？」というくらい印象が違いました。真冬には、その現実を雪がすべてきれいに消してくれていたんですね。

私は北海道の厳しい寒さが好きです。暖かいと自分が何かゆるんでしまうような気がして。追い風よりも向かい風に向かって進むほうが好きなのかもしれません。北海道の雪と寒さは半端ではないけれど。

私はこれまで北海道を舞台にした映画に、何作か出演しました。『幸福《しあわせ》の黄色いハンカチ』『遙かなる山の呼び声』『駅　STATION』は、いずれも高倉健さんとの共演でした。

スーパースターのオーラ

高倉健さんと初めて共演したのは『幸福の黄色いハンカチ』（一九七七年、山田洋次監督）です。

初めてお目にかかったのが、東京・築地の東劇で開かれた記者会見のときでした。顔を合わせた共演者の高倉さん、武田鉄矢さん、桃井かおりさんは、それぞれ仕事の畑が違うので、みんな知らない人同士。私もガチガチに緊張していました。

会見前に喫茶室でみなさんとお茶を飲んだとき、映画初出演の武田さんが大ヒットした「母に捧げるバラード」の延長のようなエピソードを披露して、みんなで涙が出るほどゲラゲラ大笑い。ふと気がついたら緊張も何もなくなって、会見にもリラックスして臨むことができていました。

健さんの第一印象は、

「やっぱりかっこいいなあ」

ずっと第一線で仕事をされてきたスーパースターのオーラというか存在感というか、これまで会ったことのない人に出会ったという感じでした。

とくに印象が強かったのは、その「眼力《めぢから》」です。なにしろ私はずっと目のちっちゃな「お兄ちゃん」と仕事をしていましたからね。

『幸福の黄色いハンカチ』は、北海道の網走から夕張まで武田さん、桃井さん、健さんが赤いファミリアに乗って旅をするロードムービーです。

私は夕張での回想シーンの出番がほとんどでした。ほかの三人が撮影チームとともに北海道を移動する間、私はひたすら待ち続け、夕張で三人を迎えるかたちで合流しました。

健さんは、映画初出演で監督に叱られてばかりいた武田さんや、緊張している桃井さんを撮影後に慰めたり励ましたりしながら関係を深めていったそうです。

私はすでにできあがったファミリーに毎回ゲストの女優さんを迎え入れる『男はつらいよ』とは、ちょうど逆の立場です。

だから最初は気持ちが張っていました。初日ロケはみんなで食事したあと、お茶を飲みに行くことになりました。ちょうど雨が降っていたのですが、そのとき山田監督から突然、

「倍賞君、健さんのところに行って、兄弟が何人いるのか聞いてきてごらんよ」

と言われ、え？　と思いながら健さんのところへ行き、そこでお話を聞いているうちに、いつのまにか腕を組んで相合い傘をしていました。ドキドキしていたので結局、兄弟は何人

だったのかは覚えていません。

『幸福の黄色いハンカチ』のきっかけ

この映画ができるきっかけには、私も少し関わっています。

当時、私の妹の美津子が親しかった縁で、私はジャズミュージシャンの渡辺貞夫さんのお宅にレコーディングのご相談などのために伺って、奥様には家庭料理や盛り付けを教えていただいていました。そこのお嬢さんがある日、

「千恵子ちゃん、すごく素敵な歌があるの」

とEP盤で聴かせてくれたのが、ドーンのヒット曲「幸せの黄色いリボン」でした。アメリカンポップスらしい軽快なテンポと親しみやすいメロディーです。

「あら、いいわねぇ。どういうことを歌っているの?」

「恋人同士がいてね」と彼女は英語の歌詞の内容を教えてくれました。

刑務所を出たばかりの男が恋人に「今でも自分を愛してくれているなら、樫の木に黄色いリボンを巻いておいてほしい。もし巻いていなければ君のことは忘れる」という手紙を出して、バスで故郷に向かう。男は自分で確かめる勇気がなくて、運転手に自分の代わりに見て

ほしいと頼む。すると、バスの中で歓声が上がった。樫の木には数えきれないほどの黄色いリボンが巻かれていたから――。

なんて素敵な話だろう。歌詞を聞いて思わず涙があふれました。

『男はつらいよ』の撮影の合間、この歌のことを山田さんに話したら、山田さんは「いいねぇ」。それから、このストーリーを温めていた山田さんが原作のコラムを書いたピート・ハミルさんに会いに行き、製作がスタートしたようです。

北海道を舞台に移し替えた映画『幸福の黄色いハンカチ』では、健さんが一方的に別れを告げた妻に宛てた手紙になっています。

「もしまだ一人暮らしで、おまえが俺を待っていてくれるんだったら、うちの鯉のぼりの竿に黄色いハンカチをぶら下げておいてくれ。それが目印だ。もしそれが下がってなかったら、俺はそのまま引き返して、二度と夕張には現れないから」

それを聞いた武田さん、桃井さんのコンビは、健さんとともに一路夕張に向かうのです。

レジ打ちをマスターするまで

健さんが演じる炭坑夫の勇作と、私が演じる光枝が出会ったのは、夕張の生協スーパーでした。買い物にやって来る勇作と、レジ打ちをしていた光枝はお互いを心に留めながら、初めて言葉を交わすまでに半年もかかります。

チャカチャカチャカチーンとレジを打ちながら、ビニール袋を取り出しつつ、「千二百三十円いただきます」。向こう側にいる同僚の店員に「はるみちゃん！　お願い」と商品を持ってくるよう声をかけ、笑顔で目の前の買い物客に「どうもすみません」。そして、健さんとの繊細な言葉のやりとり。

チーンと鳴らしてタイミングよくセリフを言いたいけれど、レジを打ちながら、お芝居をするのは簡単ではありません。レジ打ちをマスターできなければ、その動きとセリフを自分のものにすることなんて絶対にできないでしょう。手元も画面に映るので、慣れた手つきで打たなければ店員には見えないはずです。

現場に行っては、ひたすらレジ打ちの練習をしました。スタッフから注意されます。

「音がうるさいのでやめてください」

『幸福の黄色いハンカチ』でのレジ打ちをしながら高倉健さんと会話を交わすシーンです（山田洋次監督、1977年、写真提供：松竹）

「いえ、これができないとお芝居できませんから」

「まねをするだけでいいから」

「まねじゃできませんから」

山田監督が、

「はーい、行くよ、テスト」と言うので、

「ダメです！　倍賞、まだダメです！　もうちょっと時間ください」

こういうことになるのなら、最初から言っておいてくれれば、もっと早くから練習しておくのに……などと焦りながら、「土日は休みなの？」などと、今度はセリフを口にしながら、レジ打ちを練習してみます。しまいには血まめができて、腕も痛くなりました。

だから本番のときもスリルがありました。

チャカチャカチーンとレジを打って、健さんが買った商品を袋に詰めながら、健さんのほうを見ないまま何気なさを装って声をかけます。


「奥さん、病気なの？」

「え？」

「だって、いつも買い物に来るから」

「いや、おれ、一人もんですよ」

「あ、そう。ごめんなさい」

「………あの、あんた、奥さんですか」

「いいえ」

「どうもすいません！」


短いけれど、二人の気持ちがすっと近づく大切なシーンです。

山田監督に言わせれば、健さんは「鋼鉄のように剛《ごう》の男優」で、私は「絹のように柔《じゅう》の女優」。柔が剛を包み込むようなお芝居が求められました。

勇作は夜の繁華街でチンピラとけんかをして相手を死なせてしまったことから、刑務所に入るのです。原因は、力仕事をして流産した光枝が過去にも流産した経験があることを知ってヤケを起こしたからでした。

私は自分が出ていないシーンでも、ほかの出演者が撮影しているシーンをよく見学します。健さんのけんかのシーンも、夜にこっそり現場をのぞきに行きました。誰にも見えないところからじっと見ていると、暗闇の中で殴りあう場面は息苦しくなるほど真に迫っていました。

最初は健さんが手を出し、二人の相手に殴られるままになるのですが、やがて反撃に転じて、一人の首をつかんだまま石段に相手の後頭部を何度も打ち付けます。

なんだか生々しくて、だんだん怖くなり、ここで見ていちゃいけないんじゃないか、そんな思いに駆られて、そっとその場を離れて帰ってしまいました。

健さんは撮影中、昼食を抜いていました。山田さんによると、健さんは「私という生き物は、餌《えさ》を与えると仕事をしなくなりますから」と冗談交じりに話していたそうです。

「健さんのあの目は飢えた目なんだ。満腹になると、目に生気がなくなって魅力を失うということを本人は知っていたんじゃないかな」

ハンカチを見てポロポロ涙が流れた

この映画のクライマックスは、何といってもラストシーンです。ためらう勇作の代わりに、若い二人が夕張の炭鉱住宅のほうに分け入っていき、黄色いハンカチが下がっているかどうかを確かめます。まず武田さんが「あれ？」と見つけて、桃井さんも促されて気がつきます。


「なに？　どうしたの、欽ちゃん………ほらっ！　あれ！」

「よかったなあ。勇さん、勇さん、ほら見てみろ、ほら！」

「ほら、勇さん、なんだかわかる？　ハンカチよ、ほら、ちゃんとあったじゃないの！」

竿に数えきれないほどの黄色いハンカチが風にはためいている――。


それはどんな場面になるんだろう。私は家のそばの樹にリボンをたくさん結んで花が咲いたように見せるのかなぁと思っていました。でも撮影前に現場に行くと……空を背に高々とそびえる鯉のぼりの竿の頂上から二本のつり紐が山型に下がっています。そこにびっしり連なった黄色いハンカチが目に飛び込んできました。

美術部さんが一枚一枚ミシンで縫ってつくってくれたハンカチで、鯉のぼりの竿にこんなふうに黄色い花が咲くんだ、ああ、この作品に出られてよかった、と熱いものがこみ上げてきて、ポロポロと涙が流れました。

雲一つない真っ青な空をバックに強い風にたなびくハンカチ。そんなシーンを撮るために、天気待ちを三日ほど続けました。

洗濯物を干していた光枝は、黙って近づいてくる勇作を目にして、呆然と立ち尽くします。言葉を交わすこともなく、黙って勇作の荷物を手に取ります。黄色いハンカチを見上げて、家の中に向かおうとする勇作。光枝はその場で顔を手で覆う。勇作はその肩を抱き、二人で家に向かいます。

健さんの荷物を抱いた私は、ちょっとよろよろっとしてしまいます。台本のト書きに書いてあったわけではないけれど、思わず肩を抱く健さんの動きが自然になってよかった、と監督さんたちに言われました。

このシーンは終始、遠くから二人の姿をロングショットで捉え、そのまま撮影を終えました。でも編集の石井巖さんができあがったフィルムを見て、

「ここで観客がどうしても見たいのは、健さんの帰りをずーっと待ち続けた妻の顔。倍賞さんのアップを捉えたカットを絶対に入れるべきだ」

そう訴えて、光枝が勇作の姿を目にしたアップのワンカットのために、追加で撮り増ししました。

この映画は第一回日本アカデミー賞をはじめ数々の映画賞に輝き、ハリウッドでは『イエロー・ハンカチーフ』(二〇〇八年)というタイトルでリメイクもされました。

大切なメッセージを運ぶ映画

公開から四十年経っても、『幸福の黄色いハンカチ』は今も大切なメッセージを運ぶ映画として人々に愛されています。

ロケ地となった夕張の炭鉱住宅は現在、「幸福の黄色いハンカチ想い出ひろば」になって、当時の姿のまま保存されています。北海道で時間に余裕ができたとき、夫の作曲家、小六禮次郎さんと「行ってみよう」ということになりました。

周りはもう何もなくなってしまって、風になびく黄色いハンカチと、勇作と光枝が住んでいた木造の建物だけが「幸福を希うやかた」と名付けられて公開されていました。

受付で知らん顔して入場券を買って、家の中に入ると、壁から天井まで一面が真っ黄色。訪れた人が黄色い小さな紙に記念にメッセージを書いて貼っているのです。入った人が黄色に染まるくらい、どこもかしこも真っ黄黄でした。

まんなかに映画で使った赤いファミリアが置いてあり、奥のほうにはあまり似ていない勇作と光枝の人形があります。黄色い紙に書かれたメッセージを読むとなかなか面白いので、私も誰にも気づかれないようメッセージを書いて貼ってきました。

そして二〇一七年二月、東日本大震災復興支援プロジェクト「チームスマイル」の活動で、福島県いわき市の中学校を訪れたときのことでした。

合唱部員たちが「浜辺の歌」を歌ってくれたお返しに、私は夫のピアノ伴奏で「忘れな草をあなたに」を歌いました。すると、被災地の子どもたちが作詞した「群青」という合唱曲を贈られ、胸がいっぱいになった私は思わず生徒ら一人ずつを抱きしめて回りました。

被災地では、これから子どもたちが担うことがたくさんあります。彼らを支えるために自分ができることはしたいと思っています。校庭に出ると、校旗掲揚ポールに黄色いハンカチがずらり。黄色いハンカチやリボンを手に結んだ生徒たちが私たちを送り出してくれました。

3・11の二カ月ほど後に訪れた会津では、被災者のみなさんに「がんばってください」などとはとても言えず、「私、がんばります」としか言えませんでした。でも今回訪れたいわきや釜石では、いつのまにか「がんばってください」と口にしていました。さまざまな問題を抱えながらも、被災した人たちは前に歩んでいることを感じます。

復興支援の拠点施設「いわきPIT」では、やはり大地震に見舞われたネパールの村人たちを追ったドキュメンタリー映画『世界でいちばん美しい村』（二〇一七年、石川梵監督）を上映後、ミニコンサートを開催しました。私はこの映画のナレーションを担当したのです。

私の胸とマイクスタンドには、生徒たちから贈られた黄色いハンカチとリボンを結びました。

牧場仕事で覚えた「べえべえべえ」

山田監督作品の中で、私は働く主婦を演じることが多かったのですが、『遙かなる山の呼び声』（一九八〇年）では、一人息子を育てながら酪農の仕事を続けるかどうかの瀬戸際にいる未亡人、風見民子を演じました。

『家族』『故郷』と同じ役の名前で、この三つの作品は「民子三部作」と呼ばれています。

でも、この民子さんは流れ者の男と男女の情を通わせるという、ほかの二つの作品の民子さんとは違うし、さくらさんとも『幸福の黄色いハンカチ』の光枝さんとも違う役柄です。

北海道根釧《こんせん》原野の中標津で牧場を営む母子家庭に雇われる流れ者が、高倉健さんが演じる田島耕作です。民子とその息子は、惜しみなく働く耕作と絆を深めていきますが、殺人を犯して逃亡中だった耕作は罪を清算することを決意します。

酪農の作業の機械化がどんどん進む中で、今にもつぶれそうになっている小さな酪農家が舞台です。私はセリフを覚える前に、牛の世話や牧草の刈り入れといった牧場の仕事を覚えることから、この役に入っていきました。

撮影場所として使わせていただいた酪農家のお母さんのあとについて、牛小屋に入っていきます。

お母さんが「べぇべぇえぇ」と言うので、私も「べぇべぇえべぇえ、初めまして、よろしくね」と言って入っていくと、牛がみんな草をもぐもぐ食べながら「見慣れないやつが入って来たぞ」というふうに私を見ます。

私が移動すると、牛たちもいっせいに顔を向けます。大きな目でじーっと見つめられると、もう怖くなるぐらいでした。

『遙かなる山の呼び声』では、牛の世話を習いました（山田洋次監督、1980年、写真提供：松竹）

私は松竹の衣装部さんが用意した半纏《はんてん》を着ていたんですが、牛が早く慣れてくれるように、お母さんの匂いがしみついた半纏と前かけ、長靴を自分の衣装と交換してもらい、それを身に着けて牛小屋に入っていくようにしました。

毎日、現場に早めに行って牛小屋の掃除から始め、乳しぼりから習いました。置いたバケツを両脚で挟んで乳を絞るため、お母さんの脚はもう開いたままの形になっています。

牛の乳を握ると、最初はあっちに飛ばしたりこっちに飛ばしたり。作業着が乳でベトベトになってしまいました。

変な場所に立ったりすると、後ろ足で蹴られたり踏まれたりして大けがをするので気をつけなければいけません。でも次第に慣れて乳しぼりもうまくなると、これがだんだん面白くなってくるんです。

映画では牛を呼び戻すシーンがあって、ちゃんと自分で呼び戻せるように、お母さんのまねをして「べえべえべえ」と呼ぶんですが、牛たちは知らんぷり。お母さんの呼び方や声のトーンを覚えて、暇さえあれば練習に次ぐ練習。すると、そのうち牛が戻ってくるようになりました。

いまだに北海道で牛を見ると、ついこの「べえべえべえ」をやってしまいます。本当に近寄って来るから、それを見た子どもたちはびっくりして大喜びします。

牛小屋に入ると、最初は鼻を突くような臭いでのけぞりそうになりました。牛の尿は発酵させずに撒くと、ものすごい悪臭を放ちます。風向きによって家に入ってきたら、その日はご飯が食べられないくらい。

撮影が終わって宿に帰ると、お風呂に入って、自分にこびり付いた牛小屋の臭いを取ろうとしましたが、なかなか抜けません。そのうち、だんだん臭いなんかどうでもよくなって、平気になってしまいました。

同じように、現場でお弁当を食べようとすると蠅がいっぱいたかるので、最初のころは一口食べるごとにさっと弁当の蓋《ふた》を締めていましたが、そのうちこれもまったく平気になって、手で蠅を追い払いながら食べるようになっていました。

「ながら俳優」の役づくり

「ながら俳優」と自分では名乗っているんですが、私は何か作業をしながら、役を表現していくのが好きです。動いているうちに、その役が自分の中に入ってくるような気がするからです。

『幸福の黄色いハンカチ』のレジ打ちもそうですが、『男はつらいよ』だったら、お茶を入れたり、お茶碗を片づけたり。働いている女性が好きなんでしょうね。

映画出演の第三作目となる『雲がちぎれる時』（一九六一年、五所平之助監督）で、私の役は高知県のバスガイド役でした。監督からは、

「ロケに出るときには必ずバスガイドになって、自分が見る風景をスタッフに説明していくように」

と言われました。だから自分の撮影がなくても、バスガイドをして現場を往復する生活を続けました。

そういえば、ＴＢＳの日曜劇場に出たときに、プロデューサーの石井ふく子さんから、

「布団を上げ下げしながら、よくセリフが言えるわね」

と感心されたことがあります。これは小さなころに布団の上げ下げを自分でずっとやっていたからでしょうね。

同じように『遙かなる山の呼び声』で、干し草をフォークで運んだり餌をやったりする作業から入ったのは、それがちゃんとこなせないと芝居がきちんとできないからです。

牛小屋でハナ肇さんが演じる虻田という男が民子さんに言い寄って来る場面では、干し草をフォークで運ぶ作業をしながら言い合いをするんですが、そのためにはフォークを自由に使えなければならないんです。

刈り取り機を運転して、操作方法を健さんに教える場面。これもちゃんと覚えなきゃいけないないと思って一回やってみると「うわっ大変。難しい」。そう思っていたら、山田監督が「翌日に撮影入ります」と言います。このときもレジ打ちと同じ。

「ちょっと待ってください。まだちゃんと操作できません」

「いや、なんとかなるから、やってみてください」

こういうときは、もうやるしかありません。怖かったけれど、そんなふうに追い詰められ

ると、人間はけっこう集中してできるものです。山田さんはけっこう役者を追い詰めて、やらせてしまうタイプなのかもしれません。

牛小屋の掃除、乳しぼり、餌やり、牛の呼び入れ、牧草の刈り入れといった体を使う仕事からまず入って、酪農家の生活を送る。牛小屋と汗の臭いが全身に染み渡って、民子さんがどんどん自分の中に入る。気づいたら自然にセリフが出るようになっている――そんな役づくりでした。

六月になって春になっとね

この映画のもう一つの主役は、北海道の厳しい自然です。壮大な自然の豊かさや美しさの一方で、冬の極寒と豪雪の中で酪農生活を送るのは、並たいていのことではありません。まして、最初に入植した人たちは、田んぼも畑もない原野で、どうやって生きていったのか。想像すると、なんだかそら恐ろしい気さえします。

耕作が寝泊まりをしている納屋で、彼が淹れたコーヒーを飲むシーン。耕作から、

「この仕事、やめたいと思ったことありませんか」

と聞かれて民子が語ります。

「本当のこと言うと、つらいわ。冬になると、この辺りは風が強くてね。私、目方が軽いから、牛小屋に行くまで何度も吹き飛ばされそうになるの。そんな日が何日も続くと、もうやめよう、今度こそやめてしまおうと思うけど、でも春になって一面が緑色になるとね、今年はひょっとしたらいいことがあるんじゃないかと、そんなふうに思って、今年もまだ続けてるんだけどね」

『遙かなる山の呼び声』は、どこか『家族』の続編のような話になっていて、『家族』にも同じようなセリフがあります。

『家族』は長崎の炭鉱に見切りをつけた一家五人が、酪農を夢見て北海道の開拓村まで列車を乗り継いで旅をする物語です。道中、乳飲み子を病気で亡くし、やっとの思いで到着した中標津で老父を亡くします。後悔と悲嘆にくれる夫（井川比佐志さん）に、民子が語りかけます。

「六月になって春が来て、春になっとね、見渡す限り緑になって、花がいっぱい咲いて、牛がモリモリ草ば食べて、乳ばどんどん出すようになって、そんときになっと、住んどう人間も生き返ったような、こん広か土地と一緒に生き返ったような気がして、そんときは誰でも、ああ今年こそはなんか良かことがありそうなって、そう思うて。ねぇ父ちゃん、そんときば楽しみにせんば、ね」

とても好きなセリフで、今でも覚えています。

北海道は遅い春を迎えると、そこらじゅうから花の匂いやバーベキューの匂いがしてくる。でもそれもほんのひと時で終わってしまう。長い冬の間、雪に覆われた中でじっとして、どんなふうに生きていくかを考えている。だから北海道の人たちはたくましいんだと思います。

『遥かなる山の呼び声』で、耕作に惹かれるようになった民子がある日突然、耕作から人を殺した過去を告白され、別れを告げられます。その晩、稼ぎ頭の牛が死にそうになったショックで民子は思わず、

「行かないで。どこにも行かないで……私、寂しい」

と言って耕作にすがりつきます。こんなお芝居をするのは初めての体験でした。

小さな子どもと二人きりで過酷な暮らしを続ける中、健さんのように強くて優しい人が現れたら、きっとすがりつきたくなるに違いありません。夜になると真っ暗になり、車の音さえ聞こえない、闇と静けさに塗りこめられた世界です。人とのつながりがなければ、絶対に生きていけない。民子さんはよくあそこまでがんばったと思います。

私は『家族』や『遙かなる山の呼び声』で知り合った人たちとの縁が続き、毎年何度か夫とともに中標津の養老牛温泉を訪れるようになりました。やがて隣の別海町に別荘を持ち、今では一年のうちの夏と冬の数カ月間を過ごしています。

実際に北海道で暮らすようになって、この地の人たちと深い交わりを持つようになると、民子さんが井川さんや健さんに語りかけていた「春になっとね」という言葉の意味、北海道の自然の過酷さとすばらしさを、自分の体を通して知るようになりました。

役になりきっていたヒデ

民子の息子の武志を演じたのが、ヒデこと吉岡秀隆さんでした。当時は九歳だったけれど、すごくちっちゃかったから、まだ小学生になっていないくらいに思っていました。

お芝居に際して、ヒデは台本を持たされず、山田監督に言われたとおりにやっていたようです。だから彼は彼で自然に耕作のおじさん、つまり健さんを好きになっていったのだと思います。山田さんは魔法使いかもしれない！

朝方、牧場にやって来た刑事が健さんを連行していきます。民子は息子におじさんが去ることを告げます。


「おじさん、帰るって。もう会えないかもしれないから、さよなら言ってきなさい」

「うそだーい。ねえ。うそでしょ。ねえ、うそだよね」

「ほんとよ」

「うそだ！」

「ねー、おじさん、どこ行くのー」


健さんと別れて戻ってきたときに、私の裾をぎゅっと握って私の顔を見上げる彼の顔を見たら、もうどうしようと思うぐらい涙と鼻水でグジュグジュになっています。彼はもう役になりきって、心傷んでいたんでしょう。私も胸が締めつけられて、本当に抱きしめてあげたいと思いました。

撮影が終わって「お疲れさま」の拍手をもらったあとも、ヒデは牧場のほうへ行って、ずーっと一人で泣いていました。ああ柔らかい心を持った子だなと、鮮明な印象として胸に残っています。

ヒデとは撮影が終わった帰り道、荷台に乗って、二人で歌を歌いながら帰ったり、途中で車を止めて星を見たりしたこともあります。

「母子をやるんだから、一緒にお風呂入んなきゃだめよ」と強引に一緒にお風呂に入って背中を洗ったりしましたが、あとで聞いたら、とてもいやだったとか。

彼はこの翌年につくられた『男はつらいよ、浪花の恋の寅次郎』（一九八一年）以降の作品から、さくらさんと博さんの一人息子の満男を演じることになり、同時に倉本聰さん脚本のテレビドラマ『北の国から』の純役でみんなに知られるようになります。

彼も中標津の隣の標津に温泉つきの別荘を建てました。北海道は思い出の地。思いの深い場所となりました。

ヒデの演技を見ていると、ふとした拍子に渥美さんに似ているな、と思う瞬間があります。照れたり、戸惑ったり、ずっこけたりするところ。人間として柔軟でありながら突っ張っているところもあって、地に足がついている生き方がいいんじゃないかな。

倍賞千恵子が戻ってこない

映画のラストは、懲役刑が確定した耕作が、刑務所のある網走まで護送される列車の中でです。

途中駅で列車に乗り込んだ民子は、驚く耕作と視線を交わしてから、通路を挟んだ席に座ります。一緒に乗った蛇田さんが民子の向かいに座り、「民子さんと息子の二人は酪農をやめ、町で何年も先に帰って来る夫の帰りを待っている」と耕作に聞かせるように大声で話します。二人の刑事はそしらぬ顔で弁当を食べています。顔をゆがめる耕作に、民子は「ハンカチ渡していいですか」と刑事の許可を得て、黄色いハンカチを渡します。耕作はハンカチで目を押さえます。

私のセリフはほとんどありません。すべて目で表現する場面でした。

私の中にはもうすっかり風見民子が入っていました。いや、民子さんが私の体の中に入ってきて、その代わりに倍賞千恵子はどんどこかに押しやられてしまって、気がついたら、もう民子さんがしっかりとそこに居座っている。私はそんなふうに役を自分の中に取り込んで、役になりきるという演じ方をしていたんですね。

最後のカットを撮り終えて、カチンコが鳴ったときは全身から力が抜けました。

「はーい、倍賞さん、お疲れさまでした。終わりました！」

そう言われてスタッフから差し出されたコーヒーを一口飲んだとき、コクンとのどを通った感覚をいまだに覚えています。

でも撮影が終わってからも、今度は民子さんが自分の中からなかなか出ていかないという状態になりました。しばらくして民子さんは出ていきましたが、今度は倍賞千恵子さんがなかなか戻ってきません。自分の中がカランカランと音がするくらい空っぽになってしまいました。すべて民子さんに持っていかれたんですね。

そうすると、本来の倍賞千恵子の行きどころがなくなりました。自分がバラバラに解体された人形のようで、さてどうやってくっつけて、張りつけて、私に戻していくか——。虚しくて、やりきれなくて、「もうこんな仕事やめちゃおうか」とまで思いました。

渥美清さんがこう言ってくれました。

「役を自分の中に取り込むんじゃなくて、役の中に入っていけばいいんだよ。パチンと指を鳴らしたら役に入って、またパチンと鳴らしたら自分に戻る。そういうことができるようになればいいいんじゃない」

そのときはまだよくわからなかったけれど、それは自分をうまくコントロールできるようになれ、ということだったんだと思います。

この映画で私は第四回日本アカデミー賞の最優秀主演女優賞をいただきました。表彰式では自然と涙がこみ上げてきました。

『駅』で演じた情念の女

『遙かなる山の呼び声』の翌年の一九八一年、私は『駅 STATION』という作品に出演しています。山田監督の作品にたびたび出るようになってから、ほかの仕事はほとんどお断りしていましたが、この『駅』は台本を読んで、ぜひ出たいと思いました。

倉本聰さんが高倉健さんのためにわざわざ書いて贈ったという脚本です。北海道を舞台に一人の刑事の心を通りすぎていく女たちを描いており、私は孤独な心を抱えて一人で居酒屋を営んでいる桐子という役でした。

私がそれまで演じてきたのは、夫や子どもやお義父さんなど、必ず何かしら家族のしがらみの中で生きてきた女性でしたが、桐子さんにはそういうしがらみがありません。耐え忍んで夫の帰りを待つといった日本人女性の鑑のような人ではなく、言ってみれば「情念の女」。

ラブシーンや愛人が銃で撃たれるというシーンもあります。

製作は東宝。私が松竹以外の映画に出るのは初めてでした。当時、私は専属だった松竹を離れてフリーの女優になっていましたが、まだ専属俳優の引き抜きなどを禁じる「五社協定」のなごりがあって、松竹側はさくらさんのイメージが損なわれると考えたのか、なかなか出演にOKを出してくれませんでした。

「でも私は絶対に出たいんです」

直談判して、クレジットを「倍賞千恵子（松竹）」とすることを条件に、ようやく出演できることになった作品でした。

これまでとは違う場で仕事をするのは新鮮でした。松竹との違いといえば、スタジオがきれいだったこと。たとえて言えば、当時の松竹は田舎の木造の校舎、東宝はコンクリート製のビルという雰囲気です。

でもやっぱり会社が変わっても、映画づくりの基本は、まったく変わりません。『男はつらいよ』という山があり、毎回おおぜいのスタッフが麓のさまざまな登山口から、いっせーのせで頂上を目指して登っていく。

東宝でも同じように『駅』という山に、みんなで登って映画をつくろうとしていました。

その意味では、現場には最初から自然に入ることができました。

私の出番が終わって、健さんが出るシーンを見ていたら、スタッフ全員の何十という目が全部同じ方向、同じ俳優さんに向いていました。テストから本番まで、燃え上がるように熱い目、食い入るような真剣な目で見つめています。

ああ、私もあんな目でスタッフの人たちから見られているんだろうか。

そうと思うと、体が熱くなりました。

居酒屋のセットで桐子になれた

私は映画でもテレビドラマでも、なぜか同じ名前の役が多いのです。若いころ、多かったのは「あいこ」という役名です。それから『家族』『故郷』『遙かなる山の呼び声』の「民子」。そして、この「きりこ」です。

最初は『霧の旗』（一九六五年、山田洋次監督）の「桐子」。高倉健さんが初めてテレビドラマに主演した『あにき』（一九七七年）で共演したときは、『駅』と同じ「桐子」。やはり小料理屋の女将という役柄でした。

『あにき』のシナリオは『駅』と同じ倉本聰さんです。健さんの役名は『あにき』が「栄次」で、『駅』では「英次」でした。倉本さんの中で、健さんや私のイメージがその名前で残っていたんでしょうか。

撮影はロケから入りました。射撃選手で刑事でもある英次が留萌本線の終着、増毛の駅に降り立ったとき、私は赤いジャンパーを着て、今日も来ない誰かを待っています。

衣装係は和服を考えていたようでしたが、私のイメージは着物ではありませんでした。男物のジャンパーで、それも真っ赤なイメージ。『男はつらいよ』のロケで佐藤蛾次郎さんが着ていたジャンパーが絶対いい！　と思って、

「蛾次さん、悪いんだけど貸してくれない」

と頼み込んで借りたのです。真っ白い雪に赤いジャンパー、青いマフラーが鮮やかに映えました。

英次は正月の帰省先の雄冬に向かう途中です。しけで船待ちの英次が、増毛でたまたま立ち寄った赤ちょうちんの灯った居酒屋「桐子」。このシーンは東宝の撮影所、砧スタジオ（東京都世田谷区）のセットで撮りました。

英次と桐子が二人きりで初めて出会う居酒屋のシーンを撮る日。私はすごく緊張していました。

いったい、どんなシーンになるんだろう？

初めて訪れたスタジオに入ると、目の前に現れたのは、そのままお店が開けるような居酒屋「桐子」のセットでした。

お店のカウンターの中に、ふっと立ってみる。すると、あら平気。なんかいいな。いい感じ。緊張がふっとほどけていきました。

お店にお客さんが入って来て、桐子さんがすっと立って、お皿とお箸を取ろうと思ったら、ちゃんと手元にお皿とお箸が置いてある。おでんの種も器に山盛りではなく、ほどよく入っていて、おちょこはどこかな？　と振り向いたら、目の前にチョコンとおちょこが——。

一枚板のカウンターを見ると、タバコの焦がし跡。ここに座る常連さんは、きっとタバコを吸う人だったんだな。何度も使っては洗ったふきん。読み古した漫画本。蓋つきのゴミ箱があったから、あれ？　っと思って蓋を開けたら、調理後の野菜くずが入っているのです。

「ああ、私は桐子。もう私はここのお店で働いている人」

そんなふうに私の中にすっと桐子さんが入ってきます。だから、長回しのワンカットでも、自然にセリフを口にしながら、するする動くことができました。

『男はつらいよ』だったら、とらやのセットを見ると、映画の一シーンがぱっと浮かんで、「ああ、この映画って、こんなふうなんだろうな」とすぐわかります。

『駅』の居酒屋は、本当に桐子さんがそこに立って動いていたように思えるようなセットでした。このシーンは美術部さんが心を込めてつくってくださったセットの力がとても大きかったと思います。

十分近い長回しの居酒屋シーン

スタジオに入ると、リハーサルが始まります。健さんとは事前に何の打ち合わせもないので、相手がどんなふうなお芝居をするかはわかりません。何度もテストを繰り返すうちに、かたちができあがっていき、「じゃあ本番、行きましょうか」となります。

降旗監督は静かに構え、撮影の木村大作さんが大きな声をあげて、どんどん撮り進めていきます。それが降旗組の撮影スタイルでした。

居酒屋のシーンは十分近い長回しでした。そんなに長いカットなんて滅多《めった》にありません。リハーサルを繰り返し、本番の長いカットを撮り終えてオッケーが出ました。すると、撮影の木村さんが声を上げげました。

「もう一回、反対側からもワンカットで行きます」

え？　もう一回、この長いシーンやるの⁉

演じる側としては短いカットをつないでいくときも、長回しでずーっと追っていくときも、いつも桐子さんをつなぎとめておく必要があります。「カット！」で桐子さんが姿をいったん消しても、いつでも呼び戻せるような状態に自分がいなければいけません。

その意味で、長回しは気持ちをずっと持続しながら演じることができますが、逆にいうと、その間、ずっと気持ちを保っていなければいけません。

倉本さんは、このシーンについて、こんなふうにおっしゃっています。

「一本の長い時間の中に役者がずーっと込めていく。カットでつないでいる時の間じゃない、役者同士の真剣勝負の間というものはやっぱり、ああいう長回しのほうがいいですね」

気持ちだけではなくて、身体の動きも前と同じように覚えておいて、ちゃんとつながっていなければいけません。助監督さんがそのときの動きを書き留めておいてくれますが、それがなかなか気持ちと合わないときもあります。

私は長いシーンでも、立ち位置から肩の上げ下げ一つまで細かに覚えているほうです。ＳＫＤのときからダンスをやっていたので、動きの覚えがいいのかもしれません。

この居酒屋では、同じシーンを異なる角度から切り替えて、全部で三回ほど撮ったでしょうか。ほとんど撮り直しはなかったように思います。

私は桐子さんを自然と演じることができました。これまでと違う役をやったという気がしません。それだけ何の違和感もなく、すーっと入ることができたからでしょうか。

いくつもの「――」と間

居酒屋で、二人はお互いの孤独な身の上を時折はぐらかしたりしながら、少しずつ明かしていきます。ここの台本は「――」や「間」が多く、沈黙やしぐさで深い情感を交わしていく場面でした。こんな台本です。

演歌。

テレビをぼんやり見ている二人。

間。

英次「(テレビを見たままポツリ)正月もくにには帰らないのかい」

桐子「――」

間。

英次「誰かいるンだろう?――まだ、歌登に」

桐子「――」

間。

桐子「いるわよ」

英次「――」

桐子「いるけどね」

英次「――」

桐子「――いるからね」

英次「――」

間。

桐子「八代亜紀だ」

英次（見る）

桐子「この唄好きなのよわたし」

桐子手をのばし、テレビを少し大きくする。

「舟唄」流れ出す。
きいている二人。
酒をつぐ。
飲む。
また酒をつぐ。
イカをつつきつつ聴いている英次。
桐子「去年の正月、私の友だちが、札幌のアパートでガス自殺してね」
英次（見る）
桐子――テレビをみつめている。
桐子「一月三日」
英次「――」
桐子「すすきののバーにつとめてた娘《こ》」
英次「――」
「舟唄」
間。

桐子「知ってる？」
英次「──何が」
間。
桐子「水商売の女の子にはね、暮れから正月に自殺する娘が多いの」
英次「──」
間。
桐子「なぜだかわかる？」
間。
英次「いいや」
間。
桐子「男はみんな家庭に帰るからよ」
英次「──」
桐子「どんな遊び人もこの時期だけは、必ず家庭に帰っちゃうからね」
英次「──」
間。

桐子「辛くなるのよ。――そうなると急に」
英次「――」
「舟唄」

（倉本聰『駅 STATION』理論社）


健さんはほとんどセリフを口にしていません。

倉本さんが健さんにすべてゆだねているんだと思います。健さんがそこにいるだけで場が成り立ってしまう。すごいですよね。

テレビドラマ『あにき』で、健さんは鳶《とび》の頭、私は健さんの幼なじみで唯一の相談相手の女将《おかみ》という役でした。このときも倉本さんのシナリオには「…」や「間」が多く、そこにいろいろな思いが込められていると感じました。

点の数で、三つの「…」だったらこういう思いだろうか、長い「……」ならこういう思いだろうか。私はこの「…」をそんなふうに理解しようとして、その間をとても大事にして演じた記憶があります。

自然に出てきたしぐさ

惹かれあう英次と桐子は留萌で映画を見て、一夜を共に過ごします。それまでほとんど演じたことがない、いわゆるラブシーンです。

そういうシーンはやはり事前に心の準備が必要で、いつ撮るのかなぁ、どんなふうになるのかなぁと思っていたら、ある日突然、降旗監督から「これから、このシーンを撮ります」と言われ、「え？　今からですか？」と思っていると、セットの片隅のようなところで、ぱっと始まって、さーっと撮り終えました。

降旗さんの優しさだと思います。普通、その日に撮影するシーンは前日に告げられます。でも前日から、いろいろと思い悩んだり緊張したりするいとまを与えないという、監督の思いやりだったと思います。

男と女の関係になった英次と桐子は、居酒屋のカウンターに並んで腰をかけて飲みつつ、一緒にテレビを見ています。大晦日の紅白歌合戦で歌われる「舟唄」（阿久悠作詞、浜圭介作曲）が流れています。

〝お酒はぬるめの燗《かん》がいい　肴《さかな》はあぶったイカでいい〟

『駅 STATION』で高倉健さんと居酒屋のカウンターに並んで（降旗康男監督、1981年、©TOHO CO.,LTD.）

「いいなぁこの唄。私、大好き」

低く口ずさみながら、私は上体を預けて、健さんの胸に抱かれるようなかっこうになっている。健さんが私の肩に回した左手の指に、私の右手がさりげなく絡む。誰かが指示したわけではなくて、流れの中で自然に出てきたしぐさ。映画のポスターにもなった場面です。

この居酒屋のシーンは、スタジオのセットがあまりにもよくできているからでしょう、増毛に実際にある居酒屋で撮影したと思い込んで、必死に探し歩く方がずいぶんいたようです。

私はドラマの仕事で留萌や増毛の近くまで来たときも、なぜかそこに足を踏み入れてはいけないような気がして、長らく立ち寄ることはありませんでした。この作品を自分のどこかで大切に思っていて、そのままにしておきたい気持ちがあったのです。

だから雑誌の企画で作曲家の三枝成彰さんと二十年ぶりにロケ地を訪れたときは、胸が締めつけられる思いでした。

三枝さんは、映画と似た居酒屋を自分で探し出し、用意してきたカセットテープの「舟唄」を流しつつ、カウンター内の私とお酒を酌み交わし、「これぞ男の夢」とかなんとかおっしゃっていました。そんなふうにして健さんになろうとした男の人はたくさんいたんじゃないでしょうか。

私自身、この映画をきっかけに、カラオケに行くと必ず「舟唄」を歌うようになりました。一緒に行った人たちからリクエストされるのもこの歌。いいなぁこの唄。私、大好き。

殺気に満ちたエネルギーの塊

桐子は殺人犯で逃亡中の情夫（室田日出男さん）をアパートにかくまっています。そこに乗り込んできた英次がその情夫を拳銃で射殺するシーン。これも撮影はスタジオでした。

その日は朝からスタジオに入るなり、張りつめた空気が流れていました。高倉さんはもうスタジオにいて、端っこの暗がりの中でストレッチをしています。とても近寄れない雰囲気でした。

緊張感があるシーンのときは、役になりきり、まったく話をしなくなります。健さんの役づくりへの対処の仕方が、エネルギーの塊になって伝わってくるという感じです。だから撮影に入ったときも、怖くなるくらいの緊張感がみなぎっていました。そして、撮影開始。

健さんはアパートの戸をガンガン叩いて、

「桐子さん――桐子さん」

「だあれ?」

「三上です」

「どうしたの」

「すいません、ちょっと話があるんですが――」

アパートに入ってきたときの健さんの目を見ると、真っ赤に充血しています。いつもの目とまったく違う。「あっ、私、殺される!」と一瞬思いました。それくらい殺気に満ちていて怖かった。

「帰って。お願い、今度また」

かくまっていた情夫は、英次の上司を目の前で射殺した犯人。英次が言う。

「十二年前、一度会いましたね。覚えてないか、豊平川の橋のたもとだ」

目の前にいる男がそのときの刑事と気づいた情夫がおもむろに銃を手に取る。私が叫ぶ。

「ちがうッ!! ちがうわ!! この人はデカじゃない!!」

銃を撃とうとした情夫が、銃声とともに健さんに撃たれる。私は呆然としてつぶやく。

「どうして――」


崩れ落ちた情夫の胸が血で真っ赤に染まっているのを目にした私は、思わず駆け寄って
「痛かった⁉」という台本にない言葉を口にしていました。

倉本さんという作家は、もともとアドリブを好みません。何度もテストをしている私は、このシーンがそういう展開になることはあらかじめ知っているし、胸から血が出ることもわかっています。

それでも緊張の頂点で、自分の愛した男が撃たれて血が噴き出しているのを見ると、その衝撃と恐ろしさで思わずその言葉が口をついて出てしまったのです。

そのシーンは、そのまま使われました。

高倉健さんの魅力

撮影のときの高倉健さんは、つねに集中している方でした。ジョギングをして体を鍛え、食事を制限し、座って休むこともしません。でも撮影のとき以外は冗談を言ったり、いたずらをしたり、お茶目なところがいっぱいある方でした。

評判通りのコーヒー好きで、ロケ先でもお気に入りの喫茶店を探してきては、

「この店のコーヒーはうまいっすよ」

と連れていってもらいました。

喫茶店で打ち合わせをしているとき、健さんが腕時計を急に外して、目の前のコップの水の中に落としたことがあります。私はびっくりして

「うわっ、何してるんですか⁉」と言ったら、

「大丈夫です。防水です」

当時、私はまだ防水時計を知りませんでした。今から思えば、それはちょっとしたいたずら心でもあり、緊張している私をどうにかほぐそうという、健さんなりの気遣いだったような気がします。

第二章で紹介した、芝居っ気のある小道具担当の露木さん。健さんは彼をからかうのが好きでした。松竹の撮影所では撮影の開始時間になると、全館にアナウンスが流れます。

「山田組、山田組、第九ステージで撮影開始します」

放送がかかると、キャストやスタッフはその指示に従ってスタジオ入りするのですが、健さんはお昼休みに、

「露木さん、露木さん、メイク室に〇〇を持ってきてください」

と館内放送をかけるのです。

ツーちゃんが飛んでいくと、健さんがいて、

「何だ、おまえ」

健さんは、そういういたずらをするのです。

松竹という現場のアットホームな雰囲気もあるのかもしれませんが、やはりスタッフやキャストみんなをなごませるための、健さんなりの心配りだったんでしょうね。なつかしく思い出します。

山田さんは健さんのことをこうおっしゃっています。

「身のこなしが軽くてさわやかで、ひと目でほれぼれとしましたね。そんなふうに男が憧れ

を抱いてしまう不思議な魅力を持っていた。照明や録音の人たちにも声をかけ、そうした気遣いが映画そのものをよくするということを知っていたんですね。根っからの映画人でした」

その健さんがもういないということに、はっと胸を突かれます。亡くなったのは二〇一四年十一月十日、享年八十三でした。

『駅』の舞台になった留萌と増毛をつなぐ留萌本線は二〇一六年十二月に廃線になりました。英次と桐子さんとが出会った木造の小さな増毛駅も閉鎖されてしまいました。

映画で「風待食堂」として登場した観光案内所には名シーンの写真パネルが掲げられ、健さんの命日には記帳台が設置されるということです。居酒屋「桐子」のセットも新たに再現されました。そんなかたちで、この映画は愛され続けています。

第四章

普通を演じる

さくらになあれ

何度繰り返しても、撮影を始める初日は緊張します。

ああ、いやだな。緊張しちゃって。

『男はつらいよ』シリーズは第四十八作まで続きますが、回を重ねても慣れはありませんでした。お芝居をしていても、初日はなんとなくぎこちない。撮り直しが多いのも、やはり初日でした。

撮影が終われば、次の撮影までの半年間なり一年間は、さくらさんではない生活が続きます。その中で出会いと別れがあり、病気をしたりケガをしたりすることもあるでしょう。

そうすると生身の人間だから、同じ役をまた演じようとしたときに、前回の自分とどこか変わっているはずです。しわが増えたり白髪が増えたりしていくように。それをどうコントロールしていくか。それは自分との闘いなのかもしれません。

撮影初日は、前にさくらさんが身に着けていた衣装の一つを必ず着るようにしていました。そうすると、早くさくらさんになれるような気がしたからです。前かけでも靴下でもスカートでも何でもいいんですが、とにかく初日は着慣れた衣装を控え室で着て、化粧して髪をセットしてもらって、鏡の前で待ちます。

「山田組、第九ステージ、撮影開始します」とアナウンスがかかると、鏡の中の自分におまじないをかけます。

「さくらになあれ、さくらになあれ、さくらになあれ」

よし、さくらになった!!

そうして控え室を出てスタジオに向かいます。

最初はふざけてやっていたことが、いつのまにか役に入るときの儀式のようになりました。もしかしたら、フィギュアスケートや体操の選手が競技の前に「できる、できる」と自己暗示をかけている、あれに近いのかもしれません。

さくらになる、さくらになる。

「はい、本番」とカメラの前に立ったとき、倍賞千恵子はいなくなっていて、もうさくらさんしかいません。

さくらさんは、私たちの隣にいるような普通の人。普通の人を演じるときは何気なく、そーっとつくっておいて、カメラの前で監督から言われたことをどんどん自分の中に取り込んで、その人を表現していく。私はそんな演じ方をしていたように思います。

ピンと張っているところで演じているので、何かの調子でさくらさんが離れてしまうと、一挙に崩れてしまいます。だからカメラを離れた休憩時間、みんなで雑談をしながら大笑いして、カメラマンの高羽さんに、

「倍賞君、うるさいよ」と叱られて、

「すいませーん」

と、そんな調子で素の自分のようでいても、いつも私の中のどこかにさくらさんを大事に置いておくようにします。カメラの前に行くと、ぱっとさくらさんになる。そして、演じている間に、さくらさんにぐーっと深く入っていけます。

だから撮影が終わっても、私の体の中のどこかに、いつもさくらさんがいました。指の先や髪の先、その感覚や記憶が私の血の中に流れているようになっていました。

クランクインするときには、「早くおいで、早くおいで、行くよ、行くよ」と近しい人に声をかけるような。別の映画に出て、どこか遠くのほうにいるときは、「おーい、そろそろ行くよー」と呼び戻してくるような。長く続けているうちに、いつのまにか、さくらさんとはそんなふうな関係を持つようになりました。

パチンと指を鳴らしたら、さくらさんになって、もう一回パチンと指を鳴らしたら、千恵

子さんに戻って。そんなふうに簡単にできたらどんなにいいでしょう。

隠しカメラとアドリブで撮った『家族』

「その人になる」というような役づくりをするようになったのは、映画の世界に入って九年目に出演した『家族』(一九七〇年)が、きっかけかもしれません。演技という意味において、『家族』はとても大きかったと思います。

それまでは、とにかく与えられた役を次から次に演じるだけ。最初のころは一年に十本前後の映画に出演し、いつも台本を二、三冊持って駆け回り、午前と午後と夜に違う役を演じることもありました。

『家族』は記録映画とかニュースのように撮っていった映画です。山田監督は「セミドキュメンタリー」と呼んでいました。役所で実際に働いている人たちや地元住民がたくさん出演し、私たちはそれをアドリブで受けるという演技をしました。

俳優さんたちは朝から晩まで劇用の洋服を着て、劇用の荷物の中に私物を入れ、メイクもすべて自前でした。

それまでの映画で雑踏シーンなどは、あとから音声を入れるアフレコでしたが、当時、離れていても普通に録音できる「ガンマイク」が登場し、大阪万博の入り口や大阪駅地下街の人ごみの中で隠し撮りをすることができるようになりました。

雑踏での撮影はぶっつけ本番です。私は荷物を持って乳飲み子を背負い、男の子の手を引いていています。夫を演じる井川比佐志さんやお義父さん役の笠智衆さんも、それぞれどこかのお店に入って待機していています。

カメラマンはジャンパーの中にカメラを隠し持ち、助手の人がついている。全員バラバラにいながらも、遠くにいる山田監督の動きをそれとなく注視しています。

山田さんが手で丸めた台本を上げたら、みんながふわーっと寄ってきて、照明さんがパッと光を当てて、ささっと撮って、またふわーっと散っていく。緊張しましたが、同時にすごくスリリングでした。

万博会場の入り口で撮影したという、時代を記録したという意味も大きかったと思います。怒濤《どとう》のような人の流れで、誰も私たちの撮影に気づかなかったでしょうね。

私たちは町を歩いている人たちと同じようにいなければいけない、それでいてお芝居をしなければいけない、そういう撮影の方法でした。

私は自分の役である民子さんに本当にならなければ映してもらえない状況です。だから、とにかく民子さんにならなきゃと思って、民子さんのありとあらゆるものを自分の中に取り入れていきました。

息子役の男の子からは劇中で「母ちゃん、母ちゃん」と呼ばれていました。子どもがなつきすぎて、朝からどこに行くにも付いてきて、私がいないとお風呂にも入らないし、ご飯も食べない。本当のお母さんが「すみません、よろしくお願いします」と言いながら、私がご飯を食べているところに連れてきたりしていました。だから私にとっても、いつのまにか本当に自分の息子のようになっていました。

万博会場で撮影した『家族』。井川比佐志さん、子役の二人と（山田洋次監督、1970年、写真提供：松竹）

スクリーンの客席側にいる普通の人と一緒に、普通の人の表現をしながらスクリーンに映る——それはとても貴重な経験でした。

いつも九州弁で話すように

民子さんの家族は長崎の人たちです。言葉は九州弁。だから、セリフはもちろん、アドリブで話すときも、さらにカメラが回っていないときも、九州弁で話すようにと言われ、方言指導の人がいつも井川さんと私のそばに付きっきりでした。これがもう大変。

「もし町で道を尋ねられたら、九州弁で答えられるくらい身につけてください」

と山田さんに言われ、最初に覚えた九州弁が忘れもしません。

「よかったとじゃなかったとやろかね」

でした。

「えー、なんですかそれ!」と意味を聞いたら「まあ、いいんじゃないの」。もう英語のように必死で覚えました。

方言指導の先生は、私たちが喫茶店に行くときもピタリとくっついてきて離れません。井川さんと話をしていると、「九州ではこう言います」と徹底的に叩き込まれるのです。

普通に「コーヒーをお願いします」とも言えません。さすがに井川さんと、

「ちょっと疲れるね。まかない?」

と言い合わせて、二人だけでお茶を飲みに行って「やったー！」と思ったら、すぐまた店の前に「先生」が姿を現しました。まずいと思った瞬間にドアが開いて、

「なんしょっと。探したとよ」

そうそうに見つかってしまいました。

そうして、ふだんでも九州弁で話すようにしていったら、どんどん身についてきて、大阪で本当に道を聞かれたときは自然に九州弁で答えていました。当時、『男はつらいよ』も並行して撮っていたのですが、一度入ってしまった九州弁が今度はなかなか抜けずに困りました。

そんなふうに、どんどん民子さんが入ってきます。軽トラに乗って自宅に帰る民子さんのアップを撮り増しすることになったとき、私はふと思いました。

民子さんに金歯が入っていたらいいな。

昔はみんな金歯をしていましたよね。田舎の人はとくにそうです。民子さんは炭坑夫の妻として長崎の小さな島で暮らし、二人の子どもを生んで育てるお母さん。笑ったときに、口の奥にちらっと金歯が見えるような女性だと思って、歯医者さんに頼んでカバーでぱっとつけられる金歯を入れてもらいました。映画では、その金歯がちらっと見えますよ。

「ただ、ぼーっとしている」場面

物語では、長旅のせいか乳飲み子が東京で病気のため亡くなってしまいます。上野の教会でお葬式をして火葬したあと、民子さんが骨壺を抱えて泣くシーン。私は本当につらく悲しくて全身から力が抜け、骨壺を抱いたままその場に崩れ落ち、わんわんと声を上げて泣き続けました。

後ろからトントンと肩を叩かれて、顔を上げたら山田監督でした。

「倍賞君、終わったよ」

周りを見回すと、もう撮影は終わって、出演者やスタッフたちはとっくに移動していました。撮り終わっても、自分だけそこから抜けられなくて泣いていたのです。そのくらいに、そのころはもう民子さんになっていたんだと思います。

でも、いまだにうまく演じることができなかったな、と思うシーンがあります。北海道に向かう青函連絡船の上で、子どものお骨が入った骨壺を抱えた私がぼーっとしているという場面。

旅人役の渥美清さんから声をかけられ、井川さんから、

「民子、なんか食うとかんば船酔いすっぞ」

と言われて、

「よか。お腹すいとらんけ」

と返す反応も何かぎこちないのです。

青函連絡船で一日リハーサルをして、二日目が本番でした。演じながら、何か違うなということが自分でわかります。でもどうすればいいかわかりません。台本にはただ、「ぼーっとしている」というだけで、それ以上のことは書いていません。

たぶん、山田さんの中でも「何か違う」と思っていたはずです。うそで演じると、監督のオッケーは出ません。上っ面だけでやっていると、わかってしまうのです。

「はい、やって」

「違う、もう一回」

何度も、これじゃない、ああだろうか、こうだろうかと探すけれども見つかりません。あのときはとてもつらい思いをしました。

私はその場で動くことなく、黙ってじーっとしていたのですが、今から思えば、もっと違った表現の仕方があったはずなのです。

たとえば、お葬式とかお通夜で不思議だなと思うのは、家族を失った当人はけっこう動いているということです。忙しく立ち働いていたり、人と話したり、ときには笑ったりしています。

ただ「ぼーっとしている」ということは、別にそこに黙って座り込んでいなくても、ひょっとしたら、一人でニターッと笑ったりするかもしれない。子守歌を鼻歌で歌ったりするかもしれない。意味のないしぐさを繰り返しているかもしれない。

私はただ「悲しい」という表現に縛られていたんだと思います。「ただ、ぼーっとしている」という芝居を頭の中で計算してやってしまった。その人になりきれずに、どこかでつくりあげた「ぼー」だったのでしょう。

そこには民子さんではなく、倍賞千恵子がいたんだと思います。「演じよう」という思いをすべて取り払って骨壺を抱いていれば、ただそこにいるだけでよかったはずです。

話す言葉から表情、動きまで何もかも、その人になる。一度その人になってしまえば、その人を通して、倍賞千恵子が何かを表現することができる。それが私にとって「演じる」ということであり、役者であるということなんですね。

『家族』は、とてもしんどかったけれども、「その人になって演じる」ということを覚えた作品でした。

『故郷』で石船の舵を取って

『故郷《こきょう》』（一九七二年）も、『家族』のような撮影手法を採り入れ、島の住民を多く登場させて撮影した映画です。

瀬戸内海の小島で、古い木造船による砕石運びで生活する一家が、工業化の波に押されて島を出るまでを描いています。『家族』と同じく私は民子さんで、夫は井川比佐志さん、義父は笠智衆さんでした。

台本がとても薄く、セリフらしいセリフはなく、大まかな状況が説明されているだけでした。現場に行ったら、山田監督から「船に乗ります」と言われて「え？」。いきなり海に浮かんだ小さな石船に、井川さんと乗っけられて、

「まず、甲板の向こうの先端まで、二人で歩いていってください」

「えーっ！　そんな……」

しけで船は大きく揺れています。石船の甲板には柵も手すりもありません。

「私、ちょっと自信ないです」

と言ったら、井川さんが、

「大丈夫です」

井川さんは俳優という存在の前に、人間としての深み、厚みが伝わってくる人です。地味だけれど「本当」を感じます。「ああ、この人が大丈夫と言うのなら大丈夫だ」と思って、井川さんの手をしっかり握って歩いていきました。

『遙かなる山の呼び声』は酪農が機械化されていく中であえいでいる母子の話でしたが、『故郷』もやはり砕石運搬船の大型化、効率化の波にのまれて廃船を強いられ、故郷を捨てる一家の物語です。

私は『遙かなる山の呼び声』と同じように、やはり民子さんの仕事を覚えることから入りました。

山から切り崩した石を、桟橋に横付けした石船の甲板に重機で移す。井川さんは素手でその石を甲板上にならす。湾内に運ぶと、石を重りに船体をぐーっと傾け、甲板に積み上げた砕石を海に投げ捨てる。

今にも転覆しそうなほど危険な作業です。これを船の操舵《そうだ》室から操縦します。民子さんは子どもを抱っこしながら操舵輪を足で動かして船を操縦します。

『故郷』で井川比佐志さんと石船の操舵室のシーン（山田洋次監督、1972年、写真提供：松竹）

舞台となったのは広島県の倉橋島です。島に滞在し、日が昇ると同時に撮影に行き、日が沈むと同時に戻って、この作業を毎日繰り返しました。畑もずっと耕していました。すべてが初めてのことで、日々が新鮮でした。夜、床に就いてもずっと船酔いの状態だったけれど。

映画では、石を運ぶ最後の航海の帰り、船の上から浜辺で燃やされる古い木造船を見た井川さんが、こんなセリフを言います。

「民子、大きなもんたぁ、なんのことかのぉ。みんな言うとったじゃろうが。時代の流れじゃとか、大きなものには勝てんとか。ほいじゃが、そりゃあ、なんのことかいのぉ。

大きなもんたぁ、何を指すんかいのぉ。何でわしら、大きなものには勝てんのかのぉ。なんでわしゃ、なんでわしゃ、この石船の仕事を、わしとお前で、わしの好きな海で、この仕事を続けていかれんのかいのぉ」

この映画を支える柱のような、とても重いセリフです。

二人の子どもたちも、とてもなついてくれました。撮影が終わって引き上げるとき、石船を借りていた家のご夫婦に声をかけられました。

「家を建てて待ってるから、必ず戻ってこいよ」

役者をやめて、ここで暮らそうかな。そう思ったほど私は民子さんになりきっていました。

台本はびっしり書き込んで捨ててしまう

どんな役でも、私の台本にはびっしりと書き込みがしてあります。

台本をいただいて読んだときから、その役については、いつもどこかで考えをめぐらしていて、気がついたり思ったりしたことを全部書き込むようにしていました。とくに『家族』

のときは、たくさん書き込みました。

民子さんはこういう性格で、こういう癖があるんじゃないか。このときはどういう景色を見たのか。こういうふうに思ったんじゃないか。この場面の前は何をやっていたんだろう。このセリフのあとはどうしたんだろうか——。

自分のことだけではなくて、お芝居の相手の人についても、やはり思ったことを書き込みます。山田さんは、

「相手のセリフをよく聞いて。聞いていれば、自然に自分のセリフも出てくるはずだから」

とおっしゃいます。だから、台本をいただいて読むときも、まず相手のセリフから読むようになりました。

『家族』のときは、夫のセリフをすべて覚えていました。すると相手のセリフから自分の役が見えてきたりします。相手の役のことについて考えることは、自分の役について考えることなんですね。

大きい声では言えないけれど、仕事がすべて終わったあとに、書き込みをした台本は捨てるようにしています。もったいないような気がするし、今となればもう一度読んでみたいとも思いますが、一、二冊だけを残して、あとはもう手元にはありません。

そういうものを大事に取っておくこと、記念に残しておくことが、私は好きではありません。台本も写真もビデオも。だってふだん、あとに残ってしまう仕事しかしていないから。それ以上はもう要りません。

それにはきっかけがありました。

映画『家族』は、その年の映画賞を独占してしまうほど高い評価を得て、私もたくさんの女優賞をいただきました。クレイジー・キャッツの桜井センリさんのお店で、お祝いのパーティーを開いてくださったとき、記念の寄せ書きに助監督の五十嵐敬司さんの書いた言葉が、

「たくさんの賞、本当におめでとうございます。いっぱい喜んで、なるべく早く忘れましょう」

ああ、いい言葉だなぁと心に残りました。賞をもらって、いっぱい喜んだら、早く忘れる。いつまでもその喜びに浸っていたら前に進めない。忘れて次の仕事に向かえばいい。私はそんなふうに受け取って、それをきっかけに記念のものを残さなくなりました。

トロフィーや記念の品をいただいたら、キッチンの冷蔵庫のいちばん上に飾る。しばらく飾ったら奥にしまう。賞状はいつまでも壁に貼っておかない。そして、台本も残さなくなり

ました。

「普通の人」に加えるプラスアルファ

さくらさんも民子さんもそうですが、私が演じてきたのは普通の人が多いです。そして、この普通の人をきちんと演じることは、とっても難しいと感じます。

すごくおしゃべりだとか、きかん気が強いとか、個性的な役ならば、自分との違いが大きいぶん役をつくりやすく、切り替えやすく演じることができます。

でも、なんともない役、何気ない人は、自分との距離が近いだけ、ものすごくデリケートで、壊れないように、壊れないように、そっと入っていかないと、何かちょっとでも触れるとトランプカードのお城のように一気に崩れてしまいます。

普通の人を演じているときに、何かの拍子に別の要素が入り込んできたら、それだけでもう「違う人」になってしまう気がします。だからカメラが回っていないときは、なるべくそっとしておいて、そこには入り込まないで、たとえふざけていても、

「私はここにいるから、ちゃんとそこにいてね」

と言い聞かせます。そして、カメラの前に立ったら、ふっと「そこ」に行けるようにしま

す。

といっても、普通の人を、そのまま普通に表現すればいいというのではなくて、普通の人を通して、そこに「何か」を表現しなければいけません。何気ない役は、普通の人に何か少しプラスアルファして相手に伝える。それが私にとっては演じるということであり、表現することなんだと思います。

普通の人を普通に演じるだけなら、役者は要らないでしょう。そこにプラス「何か」を表現する。そして、何回テストを繰り返しても、ちゃんと前と同じことができる。そこでまた新たな何かをつかんだら、またプラスする。そうして、どんどん役を深めていく。それが苦労なのかな、そして、そうできる人たちをプロというのかな、とも思います。

演じるというのは不思議な仕事です。自分の顔の前三十センチぐらいのところにカメラがあって、その周りで照明さんや録音部さん、いろいろな人たちが見ているんだから。そんな中で泣いたり笑ったりするのは、「その人になる」集中力がなければできません。

それができるかどうかがプロとアマの違いかなと思うし、それがうまくコントロールできるかどうかが演技力の違いなのかもしれません。

さくらさんは特別な人ではありません。個性的でもないし、変わってもいません。だから

やっぱり時々ふとしたはずみで、パラパラパラパラと壊れて消えてしまうような気がして、

「壊れちゃう、壊れちゃう、早く撮ってくれないかな」

と気持ちがせくこともありました。

そんなときは現場にいても、さくらさんを保つために、なるべくみんなと一緒のところからちょっと離れるようにしていました。

よく行ったのは、とらやで寅さんが二階に上っていく階段の上。一人になったほうがいいなと思うと、自然にそこに上がって座り込むのです。そこには照明さんがいたりして、お芝居とは関係のない話をしたりしていました。

最初のころ、夜中まで撮影が延びて自分の出番がないときは、一人だけ階段で上にのぼります。すると、みんなが茶の間でお芝居しているのがよく見えます。

そうして上から見ると、俳優さんのお芝居も、カメラや照明さんの動きも、いつもとはまったく違って見えます。そんなことが不思議であり、好きでした。

自分を見ているもう一人の自分

『夕鶴』の主人公「つう」の役を千三十七回演じた山本安英《やすえ》さんは、

「舞台でお芝居をするときは、自分がいて、もう一人の自分がいて、この自分を操ることができたときにいい芝居ができる」

というふうにおっしゃっていたそうです。もうずいぶん前のことですが、それを山田監督から伺ったとき、

えっ？　どういうことなんだろう。待てよ待てよ、もう一人の私って誰？

と考え込みました。

山田さんがよくおっしゃっていたのは、

「芝居をしているときに、もう一人の自分がいて、自分をコントロールできるように」

「すばらしく演じているときは、もう一人の自分がそれを見ているときだ」

ああ、そうか。そういうことか。演技はただ「なりきればいい」というものではない。「なりきる」ということは、自分のことがわからなくなってしまうことでもある。自分をコントロールできるもう一人の自分がいなければいけないんじゃないか――。

それはすごく面白いこと、大事なことのように思います。

クランクインからクランクアップまで、私は私が演じる役になりきって、彼女なりの感じ方、考え方になっています。その間は、彼女の目で社会や世間を見ているわけです。彼女

は、どんな食べ物が好きで、どういう友だちがいて、どんなところに住んでいるのか、どこで生まれ、過去に何があったのか、などなど、さまざまな角度から思いをめぐらせて、それについて私と会話させていきます。

そうやって何人もの女性を演じていくうちに少しずつわかってきたことですが、大切なのは、彼女と仲よく握手しながらも、ぴったり合わさるわけではなくて、ほんの少し距離を置くことだったんですね。

かといって、彼女は私ではないまったく別の女性。彼女を受け入れながら心優しい距離をとるわけです。これは実人生での人間関係のあり方にも、あてはまることかもしれませんね。

緊張を乗り越えて表現する

「役が降りてくる」とよく言いますが、「その人になった」という瞬間は自分でわかります。その人になれた瞬間、ものすごく軽くなる。頭で考える必要はなく、どんな形で芝居をしても成り立ってしまう。ふっと役に入ると、どんなにふざけていても、すっとそこに戻ることができる。

逆にいうと、その人にならなければお芝居はうまくできません。

一つの役に入ると、その役の中にずっといなければなりません。でも人間だから、仕事が終われば自分に戻らなければいけない。そして次の日にまたその役にならなくてはいけない。生身の人間だから、なかなかそれが難しい。でもそのバランスをうまくコントロールできれば、いろいろなことがうまくいくように思います。

そのためには、どうすればいいんでしょうか。うまく表現できないのですが、緊張感の中で自分をコントロールする、というか、その緊張を乗り越えてこそ何かが表現できることがあるんじゃないかな、と思います。

私はフィギュアスケートを見るのが好きなんですが、どんな一流の選手だって、自分で練習を積み重ねて本番でピークに持っていき、最高に緊張している中でも、どこかでその緊張を超えないと、思い通りに表現できないはずです。

彼らが競技に入るときの状態と、お芝居に入るときの状態は、もしかしたら似ているんじゃないかな。そんなことを勝手に思ったりしています。

私は緊張するとしゃっくりが出るので、自分ではっきりわかります。それが本番になると、ピタッと止まる。終わるとまた出る。人と話していても突然、しゃっくりが出ます。一見リラックスしているようで、どこか緊張しているんでしょうね。

きっかけがありました。橋幸夫さんと共演した映画『舞妓はん』（一九六三年、市村泰一監督）を舞台で上演したときです。

舞妓さんは胸の下まで帯を締めます。舞台に出て、早替わりのため袖に戻って、帯をぱーっと解いたら、途端にしゃっくりが出だしました。着替えて帯を締めて舞台に出ると、また止まって――。いろいろなお医者さんを訪ねましたが、結局、自律神経系から来る症状のようでした。

『舞妓はん』で橋幸夫さんと（市村泰一監督、1963年、写真提供：松竹）

私はけっこう緊張派です。もちろん弛緩《しかん》していてはお芝居はできないのですが、緊張したままやると、絶対にいい結果は出ないと思います。ちゃんと緊張しながら、どこかでそれを振り払ってこそ、何かを表現することができるんだと思います。

テストを重ねて「次、本番行きます」と言われると、やっぱり緊張します。でもそれをどこかで自分で乗り越えなければいけません。その方法は自力で見つける。人にやってもらうものでもないだろうし、毎回これをやれば緊張しなくなるというものでもないでしょう。でもその緊張感が私は好きです。

スポーツでもお芝居でもステージでも、緊張は必ず必要なんじゃないかな。もう一人の私がちゃんと緊張している私を見ていて上手にコントロールできれば、撮影でもステージでもうまくいくように思います。

初日は必ず緊張します。山田さんが柳家小さん師匠にお目にかかったとき、師匠は、「古典落語を話すときは、昔から同じ噺《はなし》が語り継がれていく。しかし高座に上がったときは、自分は初めてこの落語を話すんだ、お客さんは初めて聞いてくださるんだ、と思うようにして話す」と、おっしゃっていたそうです。

『男はつらいよ』でも、私は初めてこの役をやる、初めてこのセットでやる、と言い聞かせていました。その半面、前に使っていたエプロンやセーターを身に着けたりもする。新鮮なものと途切れないもの、その両方に心を置くようにしていました。

そうして、その人になる。違う人になる。でも、なる肉体は私自身。演技論ではなく、そういうふうに、だんだん自分流の演じ方、役のなり方を見つけていったように思います。

私の大親友さくらさん

普通の人の役は、入っていくのが難しいとともに、いったん入ってしまったら、抜け出すことも難しいときがあります。『遙かなる山の呼び声』のときの民子さんのように、奥のほう、底のほうまで入り込んでいたら、撮影が終わっても、私の中に居座って、なかなか出ていかないこともありました。

だから時々、二重人格みたいに二人の人間が自分の中で同居してしまったりします。たとえば、さくらさんに私が入り込んでいたり、さくらさんが私の中に入り込んできたり。そのくらい役が入っていると、自分の中に彼女が前からいたように感じ、そんなときはどう演じるかで悩んだことはありませんでした。

さくらさんは慎ましく、地道に生きている人です。旦那さんより一歩引いて、家計簿をつけながら節約し、お団子屋さんのお手伝いをしたりしています。家計が大変だったらミシンを踏んで、家事の合間に文庫本を開いて読むかもしれません。

でもちょっと変わったお兄ちゃんがいるから、普通の人よりもいろいろ大変な思いをします。でもそういうことを相手にわからせない。ひと言でいうと、「のに」のない女性。「こんなことしてあげたのに」「こんなにがんばったのに」の「のに」がない。

さくらさんが本気で怒ったら怖いと思いますよ。がまん強くて辛抱強い女性がはっきり主張するときは、お兄ちゃんも博さんも、おいちゃんもおばちゃんもシュンとなってしまうんじゃないかな。

それに対して私自身は、がさつでおっちょこちょいだとよく言われますが、二人が似ているところといえば、できるだけ自分が前面に出たくないところ、男性を立てるところ、くらいでしょうか。

だから、私がさくらさんから教えてもらうことがたくさんありました。

買い物に行くと、さくらさんの目を通して「野菜が高いな」と思い、「このエプロンはさくらさんに合うな」と買って、撮影現場に持っていく前に自分で使って、洗濯したりシミがついたり。

『男はつらいよ』の中でもいちばん環境が変わっていくのがさくらさんです。結婚、出産から始まって、その子どもが成長し、恋人ができて、就職して。その中で自分が老いをさらけ出していくことも意味があったと思います。

そんなふうに普通の主婦としての生き方、人との付き合い方、接し方を、私はさくらさんを通して学んできました。

「ああ、ちゃんと生きるって大変なことだな」と、つくづく感じたこともあります。だから私にとってさくらさんは、いわば憧れの女性なんです。

友だちは互いに触発しあったり、発見しあったり、教えあったりしないと長続きはしないもの。その意味で、さくらさんは私の大親友でもあります。何年も会っていなくても、会った瞬間からすーっと入っていけてしまう。だから、私はさくらさんによってつくられ、さくらさんも倍賞千恵子によってつくられたのでしょう。

でも、さくらさんは山田監督が書いたホンの中の人だから、山田さんがさくらさんに託したものを通じて、私は世間や社会を見てきたとも言えます。

あるいは「ああ、おばちゃんは、こんなふうに考えるんだ」と、おばちゃんを通して世の中を見たり、お兄ちゃんの立場になってさくらを見たこともあれば、おばちゃんやおいちゃんを通して、さくらやお兄ちゃんを見たりもしました。

だから正確にいうと、私もさくらさんも、『男はつらいよ』という映画によってつくられてきたんだと思います。

ファンの皆さんは、さくらさんを通して私を見ることが多いと思います。だから、周りから近づいてくるのか、自分からなのかよくわかりませんが、私の友人、知人には芸能人以外の普通の人がたくさんいます。気軽に食事に誘ってくれたり、積み立てをして一緒に旅行に出かけたりもします。下町育ちの私には、もともとそういうところがあったんでしょうね。

さくらさんのイメージが強すぎて、私が芸能人のように帽子をかぶってサングラスをかけていたら、周りは誰も倍賞千恵子だと気づきません。むしろ、さくらさんのように普通の主婦の格好をしたら、すぐに私だとバレてしまう。面白いなぁといつも思います。

「庶民派女優」と呼ばれて

前にも書いたように、一九六三年に初めて主演した『下町の太陽』から、私に与えられたのは「庶民派スター」とか「下町の女優」という呼び方でした。

「庶民派」ってどういうことなんだろう。庶民って何だろう、と考えていました。確かに私はいわゆる「お嬢さん」ではなく、生まれ育ったのはにぎやかな下町の長屋です。どこにでもいる普通の人たちに囲まれて暮らしていました。

当時、そんな人が映画の主役を演じるなんて考えられませんでした。松竹といえば、田中絹代さん、高峰三枝子さん、木暮実千代さん、原節子さんといった大女優に彩られてきた伝統の映画会社です。

私が入ったころの松竹は、有馬稲子さんや岡田茉莉子さん、一つ上に岩下志麻さんといったバラかカトレアのような大輪の花のような女優さんばかりで、私のような野に咲くスミレかタンポポのような存在は本当に珍しかったようです。だから逆に、そんなもてはやされ方をしました。最初は「女優さん」と呼ばれた記憶もありません。

映画スターとなると、誰かにすべて面倒を見てもらえる時代です。ほかの女優さんが車で送り迎えされる中で、私は滝野川の自宅から電車を乗り継いで撮影所に通い、食事も撮影所入り口のお店でおむすびを買って食べたりしていました。私の中では、ごく当たり前のことだったので、周りの世界がとても不思議に見えたものです。

山田作品に出るようになって、「サンダル履きが似合う庶民派女優」というイメージができましたが、それまでの作品でも私が演じる役の基本はあまり変わりません。

『白昼堂々』などの野村芳太郎監督の作品や、フランキー堺さんと組んだ瀬川昌治監督の「旅行」シリーズも、演じるキャラクターは基本的にチャキチャキしていて、ちょっとツッパっている女性。芯がしっかりしていて、いい加減なところがない。

お嬢さんやお金持ちの役は、『男はつらいよ』冒頭の寅さんの夢のシーンでこそやったことはあるけれど、やっぱり自分の生まれ育った中で生きてきた人たちに、私自身が魅力を感じるんでしょうね。

山田作品で私が演じてきたのは、さくらさんのように、典型的な日本人の優しさと包容力を持ち合わせた女性です。周りにタテをつかないけれど、どこかで一本筋が通っている。私は山田監督に「無個性の個性」と表現されたことがありますが、それはさくらさんのような女性のことでもありました。

さくらさんにしても、民子さんにしても、演じていて本当に面白かった。それは、私がもともと「庶民派女優」と呼ばれるような持ち味の役者だったからなんでしょうね。

復讐のヒロインを演じる

そんな中で、『霧の旗』(一九六五年、山田洋次監督)で演じた桐子さんは、これまで私が演じてきた役とはまったく違う女性でした。

松本清張さんの小説が原作です。桐子は普通の女性ですが、殺人犯として逮捕された兄の弁護を引き受けてくれなかった有名な弁護士を逆恨みして、社会的に葬ろうとする復讐《ふくしゅう》のヒロインです。

監督の山田さんは、脚本の橋本忍さんと話し、「桐子という主人公は、原作の桐子とは正反対のイメージを持った女優さんがいいのではないか」と考えて、あえて私をキャスティングした、とのちにおっしゃっていました。

桐子は芯がしっかりしていて怖いくらいの女性。宣伝用のスチールを撮影するとき、「怖い顔をしてください」と言われてもうまくできず、眉毛を濃くして、マフラーを風に流して撮りました。自分なりに一生懸命で、なぜか毎日、三点倒立で集中してから、ロケ現場に向かいました。

鮮やかな印象として残っているのは、桐子が弁護士の弱みを握るカギとなる男を尾行するシーンです。その男が旅館から出てくるまで見張っているときに、塀の向こうから、ふとピアノの音が聞こえてきます。桐子はその音に気を取られて、ピアノのメロディーをちょっと口ずさみます。

ここは橋本さんの脚本にはない山田監督の演出です。

「本当に、そういうふうにピアノが聴こえるときがあるんだよ」

山田さんの言うように、私が散歩をしているときに、通りがけの家の中からピアノの音が

『霧の旗』で滝沢修さんと（山田洋次監督、1965年、写真提供：松竹）

聴こえてきたことがありました。「エリーゼのために」とか「猫ふんじゃった」とか。道を歩きながらも、私たちは無意識にいろいろな音を聞き、いろいろなものを見ています。そして、いろいろな思いが浮かびます。そういう日常のささいなことにも心を置くと、表現に膨らみが出るということですね。

「弁護士を演じるのは〝新劇の神様〟と呼ばれる滝沢修さんだよ」

と山田さんに言われましたが、当時の私は新劇がなんなのかすらよくわかっていませんでした。

ところが撮影が始まると、それを目の当たりにすることになりました。復讐のために桐子が弁護士にお酒を飲ませて誘惑するという緊迫のシーンで、滝沢さんがどんどん酔っ払っていくのが目に見えるのです。顔がどんどん真っ赤になる。顔に青筋が立ってくる。目が充血してくる。お酒は一滴も飲んでいないのに、お酒の匂いがしてくるんじゃないかと思ったほどでした。映画がカラーだったら、どれだけすごかったでしょう。

私といえば、撮影前からお腹が刺しこむ痛みを覚え、胃痙攣《いけいれん》と思ってがまんしていたんですが、このシーンで激痛になりました。のたうちまわるほどの痛みをがまんして演技を続け、撮影後、救急病院に行くと、腎臓結石と診断されました。

緊張もしていたし、この作品に何か大事なものを感じていました。サスペンス映画を初めて手掛けた山田監督と同じように、私もあの役に挑んでいたんでしょう。

封切り後、七、八年経ってから、もう一度やりたいと思っていた役です。当時は自分に力と余裕がなくて、一生懸命に演じすぎたような気がします。直球ではなく、もっと変化をつけた演じ方があったように思います。

手配写真をつなぎ合わせた

やはり好きなのは、『みな殺しの霊歌』（一九六八年、加藤泰監督）です。佐藤允さんが演じる逃亡中の殺人犯が五人の女に復讐をするという犯罪映画です。女たちは殺人犯が大事に思っていた一人の少年をみんなで手慰みに犯し、自殺に追いやったのです。

私が演じたのは、食堂で働く庶民的な娘でしたが、一方でやくざな兄を殺して刑を受けたという複雑な過去を持ち、殺人犯と心を通わせるようになります。

加藤泰さんはローアングルと独特の映像美で知られる監督です。構成には山田洋次さんが加わっています。

印象に残っているのは、ラストのシーンです。四分近いワンカットの長い語りがあり、私は警察に追い詰められた殺人犯の佐藤さんに別れを告げたのち、一人、雨の中をたたずみます。バラバラに破いた殺人犯の指名手配写真が雨に打たれています。

加藤監督に言われました。

「このシーンは、僕は演出も何もしません。佐藤さんと二人で考えてください。これからあなたたち二人の時間をあげますから、どうするか決まったら呼んでください」

そう言い残してスタッフたちが全員スタジオから出ていきました。私は呆然として、誰もいないスタジオで、佐藤さんと二人で「どうしますか?」「こうかな?」と結末を考えました。

ふと一つのシーンが浮かびました。

「私はなぜかわからないんですけど、ちぎれてバラバラになった佐藤さんの手配写真を、地べたで元通りにつなぎ合わせてみたいんです。なぜか、どうしても彼女はそうする気がするんです」

佐藤さんは賛成し、監督もその通りに撮影してくれました。私の好きなシーンです。

不思議な役、魅力的な役

作品を選ぶ基準は役が魅力的で面白そうなこと。監督さんの姿勢や相性もとても大事です。

『ホノカアボーイ』（二〇〇九年）を監督した真田敦さんは初めての監督でしたが、私が演じるビーさんという女性がとても魅力的でした。

日本人青年がハワイ島のホノカア村で映写技師見習いとして過ごした日々を綴《つづ》った紀行エッセイが原作です。その青年と日系人女性ビーさんとの出会いと交流を描きます。

青年を演じたのが、まだ新人だった岡田将生さん。一人暮らしのビーさんが毎日つくるおいしいご飯をごちそうになって、少しずつ交流を深めていきます。

ビーさんはちょっと偏屈だけど、料理がうまく、いたずら好きで心優しい女性です。実際のビーさんもいっぷう変わった人だったようです。

『東京に来たばかり』（二〇一三年、ジャン・チンミン監督）は日中合作で、監督と相手の俳優、スタッフの半数が中国人でした。

いったん製作が流れて、七年後にあらためて出演依頼があるといういわくつきの作品でしたが、私の演じるおばあちゃん役がやっぱりとても魅力的でした。

故郷で天才棋士と呼ばれた中国人青年が、囲碁の修行のために東京に来ます。アルバイトも見つからずに困っているときに、たまたま出会った行商のおばあちゃんに気に入られ、何かとお世話になります。千葉の田舎に住んで一人で畑仕事をしているおばあちゃんは、実は囲碁の名人で、最後に青年と対決します。

普通に暮らしているけれども、実は普通ではないという不思議なおばあちゃんです。さくらさんでも、民子さんでもありません。

囲碁をするシーンでは、名人なので碁石をかっこよく打たなければいけません。プロの棋士さんは、碁石を碁盤にシュッと置いて、指を引くときにパチンと音がします。これがなかなかできません。私はいつも碁石を持ち歩いて、テーブルがあると、ポケットから出して、シュッ、パチン、と碁石を打つ練習をしていました。女流棋士に囲碁を教わり、自分でもやってみました。

3・11のあとに茨城などで撮影し、完成後もなかなか封切られませんでした。中国での試写会に行くと、のちに国家主席になる習近平さんを監督から紹介されるなど、いろいろな思い出があり、私の映画人生の中でも印象に残る作品になりました。

コントをしても「だいじょうぶだぁ」

『男はつらいよ』の現場ではいつも渥美さんに笑わされていたので、一度くらい渥美さんを笑わせてやろうと思って笑い話を披露していたら、途中で自分がおかしくなって吹き出してしまったことがあります。

「おまえ、自分が先に笑っちゃだめだよ」

渥美さんによると、笑いの基本は、自分たちは笑わずにひたすら一生懸命やる。まじめにやってこそ見る側がおかしくて笑う。まさに山田さんの喜劇の世界です。

ザ・ドリフターズのみなさんと、TBS系「8時だョ！　全員集合」の収録のため、北海道で一緒に仕事をしたことがあります。

今でも伝説として語り継がれる国民的な人気バラエティー番組です。私はステージで歌ったのですが、ドリフターズのみなさんのコントのリハーサルは真剣そのもの。本当にケガをするくらい必死にやっていました。

「あの番組は裏でこんなに苦労してつくっているんだ」

と感激して、リーダーのいかりや長介さんに、

「この番組の人気は、出演者とスタッフのみなさんの情熱とひたむきな努力に支えられていることを知って感動しました」

という手紙を書いて、ロケ先のホテルのフロントに置いてきました。

折に触れて「あの人たちはすごい！」という話を周りにしていたら、好きで見ていたフジテレビのお笑い番組「志村けんのだいじょうぶだぁ」のコントに、なんと私が出ることになりました。当時のマネージャーさんが売り込んで、番組側からも「ぜひ」と言われたようです。

「えぇっ！　出るのー？」

「だって好きなんでしょう？」

「いや好きだけど、私が？　えーっ！」

コントには私が出演した映画の一シーンのパロディーがいくつかありました。『男はつらいよ』や『幸福の黄色いハンカチ』の山田監督、『駅 STATION』の降旗監督に、それぞれ「あのぉ、よろしいでしょうか」と許可をいただきました。

そのコントのときも本当に感動しました。やはりプロの仕事は半端ではありませんね。出演者のみなさんは『男はつらいよ』のビデオを見ながら、自分で真剣にメイクをします。一つのコントのために、みんながいろいろ知恵を出しあいます。

たとえば、とらやの茶の間で、おいちゃん（志村さん）、おばちゃん（石野陽子さん）、さくらさん（私）がお茶を飲んでいます。物語が始まるいつものシーンです。

おばちゃん「寅ちゃん、今ごろ何やってるんだろうねぇ」
さくら「そうねぇ、そろそろ帰ってきてもいいころだもんね」
おいちゃん「おまえ、そんな縁起でもねえこと言うんじゃねえよ」
（リーン、リーンと鳴る電話をさくらが急いで取る）
さくら「もしもし、とらやです。え？ ホント!?……そんなこと、急に言われたって。もしもし！ 待って！ 切らないで！……うん、うん、わかった。じゃあね」（電話を切って深

いため息)
おいちゃん(不安そうに)「誰からだい?」
さくら「間違い電話だった」

ドーンと志村けんさんがずっこけて、後ろざまに障子ごと庭に倒れ込むシーンは、命がけと言ってもいいくらいものすごい勢いです。それでいて、もうたまらなくおかしくて、私は思わずその場で声を出して笑ってしまいました。

そうなると、私も意外とその場になじんでしまい、番組側もどんどんエスカレートしていって、私は「変なおばさん」になったり松田聖子ちゃんになったり、ちびまる子ちゃんになったり。私はもともとそういう大変身が嫌いなほうではないので、しまいには頭を爆発ヘアーにしたり、金髪モヒカンにしたり。

「そこまでやる女優はなかなかいない」

と言われました。みんな内心、あきれていたのかなぁ。

爆発ヘアーにお歯黒メイクは、自分でもなかなか気に入りました。コントが終わってメイクさんが、「じゃあ落としましょうか」と言うので、

「いえ、このままでいいです」

そのまま帰りの車に乗って、高速道路の料金所で顔を出して「ばーっ！」。料金所の人がびっくりして「わっー！」。これがどうしてもやりたかった。いたずらや悪ふざけはけっこう好きですね。

スタニスラフスキーってなんだろう？

私は特別に演劇や演技について学んだ経験はなく、松竹歌劇団で歌ったり踊ったりしていたときに突然、映画界に引き込まれ、気づいたときは、ただ一生懸命にお芝居をしていたんです。

SKD付属の学校では、歌のほか日本舞踊、クラシックバレエ、タップダンス、ギター、三味線といろいろな授業はありましたが、演劇の授業はほとんどありませんでした。

フジテレビ系でヒットした青春ドラマ『若者たち』の続編『なかよし』（一九六七年）に出演したとき、共演者の山本圭さんや佐藤オリエさんといった俳優座の役者さんたちが、スタニスラフスキーがどうしたこうしたと言って演技論を戦わせていました。

スタニスラフスキーってなんだろう？　話の輪に入れないのが悔しくて、そのロシアの演劇人の『俳優修業』という本を読んでみました。「情緒的記憶」や「内的原動力」といった言葉つきが難しくてよくわからず、「ふーん、そういう役のつくり方があるんだ」と感心しながら、でもだいたいは、もうすでに自分が現場でやっているようなことでもありました。

ちょうど前田吟さんと一緒に仕事したときに、

「僕が映画に出たときに、周りが大きい人ばかりだったから、飛び上がったり背伸びしたりして、どうやって自分が映るかを考えて芝居をしていたなぁ」

と話してくれました。吟ちゃんみたいに俳優座で演劇を学んだ人だって演技について難しいことばかりを考えているわけではなくて、そんなふうに考えるんだと、なんだかほっとしました。

役者によって、それぞれ役の捉え方も違えば、表現の仕方も違います。演じるのはいろいろな方法があっていいし、俳優さんもさまざまなタイプがあっていいと思います。

役が降りてくるというタイプの人がいれば、緻密に計算して積み重ねて役をつくるタイプ、相手の役を食って自分が成り立つというタイプの人もいるでしょう。そうかといえば、笠智衆さんのように、何もせずとも、ただそこにいればいいという役者さんもいます。

笠智衆さんの人間としての美しさ

笠さんはいつも竹のようにまっすぐ立って、風が吹けば風にまかせて、しなやかにゆれる。そんな方でした。

『家族』のとき、私は撮影が終わると、助監督さんたちとよく飲みに行っていました。ひとしきり楽しんで帰ってくると、旅館で隣り合わせだった笠さんのお部屋からふすま越しに、セリフを一人で繰り返し練習している声が聞こえてきます。「ああ、恥ずかしい」と身が縮む思いをしました。

『男はつらいよ』では御前様として第一作から出演されていた笠さん。あるとき柴又のロケに笠さんがいらした際、足元を見たら真っ白なスニーカーを履いていらっしゃる。スニーカー姿でスタジオにも来られる。それがとても素敵でした。

「あっ、笠さん、それ、とてもかっこいいですね」

と言うと、笠さんは、

「いや、足腰のためには歩かなければなりません」

鎌倉からお一人で、電車で通っていらしたのです。私はそのころは、車での送り迎え。車内で寝たりしていました。

ある日、車で都心の青山通りを走っていたら、笠さんがやっぱりスニーカー姿で歩いていらっしゃるのが目に留まりました。車を止めて、

「笠さん、どこまでいらっしゃいますか？　お送りしましょうか？」

と声をおかけしたら、

「いやぁ、大丈夫です。家内に虎屋の羊羹《ようかん》を買っていこうと思いまして」

その姿もまた本当に素敵でした。

次から次に思い出します。晩年、柴又の題経寺のロケに行けなくなり、ご自宅のある鎌倉で撮影するときまで、その様子はまったく変わりませんでした。

いつものように台本の号外が出ます。笠さんはそれを読んで、

「倍賞さん、すみませんね。ちょっとセリフを合わせていただけますか」

笠さんほどの大先輩が私にそうおっしゃるのです。

「いえいえ、こちらこそよろしくお願いします」

と恐縮しながら身の引き締まる思いでした。

時間をいつも守られました。現場に来られたとき、セリフはいつもきちんと頭に入ってい

鎌倉で撮影した笠智衆さんと佐藤蛾次郎さんとのシーンです。第44作『男はつらいよ 寅次郎の告白』にて（山田洋次監督、1991年、写真提供：松竹）

ました。イライラしたり不平を言ったりしている姿は見たことがありません。プライベートなことはいっさい仕事場に持ち込まれませんでした。歩いているときも座っているときも、いつもきちんと背筋を伸ばし、背中を丸めた笠さんを見たことがありませんでした。

ＴＢＳの東芝日曜劇場『嫁』（一九七三年）というドラマでご一緒したとき、私は笠さんの娘の役でした。夜中に起きてみると、遠くの廊下を父親が歩いている姿を見るシーンがありました。

リハーサルで笠さんが廊下をスーッと歩く姿を目にしたとき、ゾゾゾっとしました。うわっ、何だろう、ただ歩いているだけなのに、なんて美しいんだろう。俳優としてそこに立っているだけだけれども、美しい人間がいる。たんに外見的に美しいというのではなく、人間としての優しさや厳しさを美しいと感じさせる、そういう方でした。

そういう人たちと出会えた、一緒にお芝居をできた、というだけでも私は恵まれていたと思います。

「観察力」という資質

役者に必要なものといえば、たとえば観察力かな。

私は男性でも女性でも不思議な人がいると、面白いなあと思って、その人をずっと観察するのが癖になってしまいました。

仕事はなんだろう? どこから来たんだろうか? こういうしぐさをしてたな。ああいう振り方があるんだ。普通に歩いているけれども変だな。気になると、追い越していって振り返って確かめてみたりします。

人って見ていると本当に面白い。

私は乳がんになって、放射線治療のために横浜の自宅から新幹線と山の手線を乗り継いで病院に通っていた時期が一カ月ほどありました。往復の切符を握りしめて。まるで学校に通うみたいに。

迷子にならないように、行きも帰りも同じ時刻の同じ車両、同じドアから乗って通っていると、乗っている人もだいたい同じということにある日、気がつきました。

見ていると、まったく飽きません。電車の中で同じ人を定点観測していると、「あら、髪留めが変わったな」とか「今日は化粧が違うな」とか。背中を見るだけで「この人は絶対以前に見たことがある」とわかります。

病院での待ち時間に、座っている私の目の前を通りすぎていく人の足だけを眺めていても、「この人、忙しいんだろうなあ」とか「あの靴は先がすごく尖がっているけど、つまずかないのかなあ」とやっぱり飽きません。

エスカレーターを使わずに絶対歩こうと決めて、ＪＲの駅で降りて病院まで何歩で歩いていくかも決めていました。そのうち駅の階段の昇り降りする人も気になり、病院に行くのがだんだん楽しくなって、気がついたら治療が終わっていました。

電車の中でも、あの二人はどういう関係だろう？　もしかしたら愛人？　これからどこに行くんだろう？　と自分で物語をつくって楽しみます。

これは映画の背景となる通行人一人ひとりにも、それぞれの物語を求める山田さんの演出から自然に学んだことかもしれません。

それぞれの人生があるんですものね。一瞬一瞬、形を変えていく空の雲と一緒で、まったく同じ人なんていない。だから人間は面白いし、だから人間は深いんだと思います。

ずっと磨き続けることが大事

演じることはミステリーです。私は倍賞千恵子として生きているのに、映画のときだけは違う人になっている。自分が生きながら、別の人の人生をかいま見る。そういう珍しい職業です。

人生は芝居のようなものだという言い方もありますが、かといって、誰もが役者になれるわけでもないと思うんですよね。

まず、与えられた役、「その人」になれるかどうか。そして、リハーサルを重ねるにしたがって、どんどん表現が深くなっていく。そういう力を持っていなくてはいけないんじゃないかな、と思います。

監督から要求されるたびに、演技が深まらずにバラバラになっていってしまうような人もいます。NGを出すのは構わないけれど、何回同じことを繰り返しても、心がついていかなければお芝居はできません。生意気なようですが、私はそう思っています。

それにはやはり資質がいるのだと思います。役者の資質がある人かどうかは、どこかでわかるのではないでしょうか。それは学校で学んだり練習したりして身につくものではなく、持って生まれた何かがきっとあるのでしょう。努力して実ることもあるけれども、絶対超えられないものもあるように感じます。

プロの世界はものすごく厳しい。ちょっとやそっとで生きていけるような世界ではないと思うんです。何百人という人と一緒に仕事をして、何千人、何万人の人に見られます。そこに自分がいるということは、ただ上手に演じたり、いい声で歌ったりするだけではなく、それに耐えうるだけの人間としての何かを持っていなければ。そして持っているだけじゃなく、それを維持していかなければ。

そのためには人間的にも技術的にも、ずっと磨き続けるということが大事なんじゃないでしょうか。強い意志と柔軟な心を持って。心が柔らかければ、いろいろなものを吸収できるはずです。

才能があっても、運に恵まれずに芽が出ない人もいるでしょう。でも自分の中に敏感なアンテナを持ちながら求めていれば、きっと出会うべき人に出会えると思います。それもまた才能かもしれませんね。

　こんなこと、偉そうに言えるのかなぁと思うけれど、以前にもましてそんなふうに感じています。歳をとると、それだけ維持する、磨き続けるには時間がかかります。でもそれはそれなりの時間のかけ方でいい。私は自分の才能を使い果たすまで演じたいし、歌いたい。そう心に決めています。

第五章

人生というステージ

二兎を追ってみる

小さなときから、ふと気がつくと自分の前に道があって、私はそれをただひたすら歩いてきた気がします。

誰かから「歌を歌って」と言われて歌ったら、「あら上手ね」と言われ、「じゃあ、のど自慢出てみたら」と言われて出たら合格の鐘が鳴り、「合唱団に入らないか」と誘われて童謡を歌い出し、「松竹歌劇団で踊ってみたら」「映画に出てほしい」——。気がついたら、台本を手に映画の道を歩んでいました。

でも私の出発点は童謡歌手であり、お芝居をしながらも歌い続けてきました。最初は、「二兎追うものは一兎も得ず。両方うまくいくはずがないよ」

とも言われたけれど、

「いえ、私は二兎を追ってみます」

と追い続けました。そして今は、女優と歌手の両方があっての私。両輪でここまで歩んできてよかったと心から思います。

でも初のコンサートでステージに上がったときは、その場に倒れそうなくらい緊張のかたまりでした。映画とは違って、目の前のお客さんの目や耳や心がすべて直接自分に刺さってくるようで、体はガタガタ、膝はガクガク、このまま停電になってしまわないかな、と思ったほどです。

少しだけ余裕が出てどうにか楽しめるようになるには、それから何年かかったでしょうか。

コンサートの間、私はロケットになった気分です。打ち上げに向けて、スタッフと打ち合わせをし、音合わせをし、リハーサルをする。そして秒読みが始まり、「3、2、1、0」で発射、幕が上がります。

歌ってしゃべってどうにか帰還するのですが、着地するのは予定地点だったり砂漠だったり沼地だったり。着地が成功するときは、いつもその日のお客さんに手を差しのべてもらっているように感じます。

もちろんライブですから、失敗も振り返ればきりがありません。

笠置シヅ子さんの「買物ブギー」（村雨まさを作詞、服部良一作曲）は、大阪弁の歌詞で魚や野菜の名前が次から次に登場し、五分以上かかる曲です。魚屋へ行って「鯛にひらめにカツオにまぐろにブリにさば……」と歌っているうちに、どうしても八百屋に行き着けません。歌詞が出てこないんです。

「ゴメン、もう一度、アタマから！」

そう言って仕切り直して無事、八百屋にたどり着くことができたけれど、このときはお客さんの笑いに救われました。

頭が真っ白になって、次のフレーズが浮かんでこないこともありました。歌詞を忘れるというよりも、プツンと電灯が切れてしまった感じ。そのときはまったく無意識に即興の詞をつくって歌っていました。それがどういうわけか、本来の歌詞の内容とさほど離れていないんです。お客さんもまったく気づいていませんでした。

三枚半の譜面を一枚半で終わらせてしまうこともありました。

「あれ？　なんでこんなに早く終わっちゃったのかな？」

このときは照明さんがいちばん困ったみたいです。

可能性を見出してくれた両親

生まれて初めて人前で歌ったのは、いつのことだったでしょう。覚えているのは、茨城に疎開していたとき、近所の神社の境内で歌った「赤城の子守歌」。座布団を赤ん坊代わりに背負って、聞き手は近くのおじいさん、おばあさんでした。

小学校の学芸会では多数決で私が歌うことになり、学校放送ができたときに、やっぱり指名されて、初めてマイクの前で童謡の「かえるつばめ」を歌いました。

小学四年のときに、歌が大好きだった姉が「NHKのど自慢」の応募はがきに私の名前も書いたら、結局、私のほうが予選に通りました。本選も童謡の「里の秋」を歌ってキンコンカンの合格の鐘。

それを見ていた合唱団の先生から誘われて、ポリドール専属の「みすず児童合唱団」に入って童謡歌手の道を歩み始めます。藤原歌劇団に入団を誘われたことがあり、一人で藤原歌劇団に見学に行ったこともありました。

ジャズレッスンのために通った三木鶏郎さんのところには、永六輔さん、藤村俊二さん、逗子とんぼさんたちがいて、永さんにはよく勉強を教えてもらいました。エノケン（榎本健一）さんと中村メイ子さん主演のオペレッタでは、バックの合唱団を務めました。

中学に上がるころから変声期に入り、合唱団を退団して個人レッスンを受けるようになります。おけいこ代で両親は大変だったはずです。父親は都電の運転士、母親は保険の外交などをして家計を支えてくれました。

両親は私に歌の才能があると信じていたんでしょう。私を芸能の道に進ませようと考えて、レコード会社の合唱団に入れたり、服部良一さんのところに連れていって歌を聴いていただいたり。最初に私の可能性を見出してくれたのは両親でした。

芸能は自分から進んで選んだ道ではなく、その意味ではむしろ妹の美津子のほうが積極的でした。SKDに入ったのも、両親が童謡の先生に「将来、この子はどの道に進ませればいいんでしょう?」と相談した結果でした。

超難関の松竹歌劇団の音楽舞踊学校は、三次試験までパスして合格。歌や踊り、楽器を学べる日々がすごく楽しくて、毎日飛び跳ねるみたいに生き生きと通っていました。

でものちのち、いちばん役に立った勉強は礼儀作法かもしれません。あいさつや掃除の仕方、目上の人への接し方など社会人としての基礎をここでみっちり仕込まれました。

橋幸夫さんと共演した映画『舞妓はん』で祇園の舞妓を演じたとき、作法に厳しいと言われて行った京都でもけっこうかわいがられたのは、この学校時代のおかげだと思います。

SKDのOG、草笛光子さんがジャズレッスンにいらっしゃっているときなどは、わざと近くの廊下をウロウロして、すれ違ったときに元気よく「おはようございます!」。胸が高鳴りました。

ＳＫＤに正式入団してから一年足らず、中村登監督からスカウトされて初の映画『斑女』に出たときは、すぐにＳＫＤに戻れるものと思っていました。でも次から次に渡される台本に、「ＳＫＤに戻ったら役を取られているんじゃないか」と不安が募るばかり。

なんだか映画が憎くなって、大船で撮影が終わったら江の島に渡り、海に向かって大声で「バカヤロー！」。

でも気がつくと、その年には九本、次の年には十三本の映画に出て、いつのまにかお芝居の道をがむしゃらに走り始めていました。

「違う、違う。もっと色気を出して！」

歌手としてのデビュー曲は、「下町の太陽」（横井弘作詞、江口浩司作曲）でした。映画デビューから二年目で、撮影の合間を縫って録音したこと以外、ほとんど記憶に残っていません。

作詞をしていただいた横井弘さんが私に初めて会ったときの印象は、「下町のおねえちゃんが下駄をはいて、路地からカロンコロンと出てきたような感じ」そのイメージが膨らんで、「下町の太陽」の詞ができたそうです。

〝下町の空に　かがやく太陽は　よろこびと　悲しみ写す　ガラス窓〟

映画化されるほどヒットして、一九六二年の第四回日本レコード大賞新人賞を、「なみだ船」を歌った北島三郎さんと同時に受賞。一九六三年には、ＮＨＫ紅白歌合戦にも振り袖姿で出場しました。

一九六五年「さよならはダンスの後に」（横井弘作詞、小川寛興作曲）は、それまでの私のイメージとはガラリと変わって、大人の世界を歌った西洋風のポップスです。

恋人との別れを前にした女性が、つかの間の夢を見ようとクラブでダンスを踊る。当時、私は二十三歳。歌詞の「少しカクテルをちょうだい」とか「キャンドルの下」とか「ここはおなじみのクラブ」など、まったくなじみのなかった世界です。

初めてレコーディングしたときは、プロデューサーの長田暁二さんから、

「なんでそんなに色気がないんだ！」

と、ずいぶん叱られました。出だしの「なにも言わないでちょうだい」の「ちょうだい」がどうしてもうまく歌えない。十六小節の間奏では、大人の踊りを見せなくてはいけません。

「しゃれたクラブでお客さんが周りにたくさんいると思って。それから男の人を思い浮かべ

て歌うように」

と長田さんからアドバイス。録音はスタジオではなく、わざわざ文京公会堂という大きなホールを借りて臨みました。でも何度やっても、

「違う、違う。もっと色気を出して！」

レコーディングは二日がかかりでした。この曲も大ヒットして、同じタイトルの歌謡映画がつくられました。

歌は語るように、セリフは歌うように

映画で役を演じるようになってから、歌詞の内容を表現しようと思ったときは、いつも歌詞の世界をドラマのように考えて歌うようになりました。

お芝居と歌は私の中で響きあっています。

「歌は語るように、セリフは歌うように」

とよく言われます。映画やドラマでたくさん演じてきたことで、歌うときもセリフを語るときのように相手に言葉を伝えることを心がけるようになりました。

すると、いつのころからか、「浜辺の歌」「からたちの花」「夏の思い出」といった抒情歌

や童謡ではなく、もっとストーリーやドラマがある歌を歌いたくなってきました。

月夜がきれい、小川がさらさら流れている、風がそよそよと吹いている……そうした自然の美しい風景だけではなく、その向こうにある「人間」について、歌を通して表現したいという思いが高まってきたのです。映画やドラマの主題歌、ミュージカルの歌を歌い出したころでしょうか。

それはいったいなんでしょうか。山田さんの「もっと、もっと」に近いのかもしれません。もっと違う表現、もっと新しい歌い方ができないか、という熱い思い。

テレビでストーリーのある五分間ほどの長い歌を服部克久さんに作曲していただきました。そのとき、ずいぶん前に父親の服部良一さんから言われたことを思い出しました。

「君の声は僕じゃなくて、息子の克久のほうが合う。息子が留学先から帰ってきたら行くといいよ」

不思議な縁ですね。芝居をしながら歌うという試みは初めてでしたが、自分でうまくできたという手ごたえを感じました。

最初は「二兎追うものは……」と言われたけれど、これは、もしかしたら私が持っている才能の一つのかたちなのかな。

そんなふうに思えたきっかけでした。

ただきれいに歌うだけではなく

作詞家さんのところに行き、「こういう歌を書いてください」とお願いしたりもしました。いつも受け身で生きてきた私としては珍しいことです。

当時は愛や希望について考えていたのでしょう。愛や希望はそれが欲しくて欲しくて必死に求めても、いざ手に入れたとき、人はそのことに気づけなくなっている。そこに満足することなく、次の愛や希望を求めていく――。

「そんな歌を書いてください」とお願いしてつくっていただいたのが、「希望」（藤田敏雄作詞、いずみたく作曲）という歌でした。「希望という名のあなたを訪ねて」で始まり、六分半近くもある長い曲です。

岸洋子さんが一九七〇年に歌ってヒットしました。当時の私はまだ若く、歌いこなすことはできなかったと思います。そんなふうに自分から求めて歌ができるということを知り、新しい歌の世界が開けたようでした。

コンサートの選曲の仕方も変わりました。歌う曲をスタッフやバンドのメンバーからリクエストを募って決めるようになってきました。

でも激しく動く時代を生きていくうちに、抒情歌や童謡をただきれいに歌うだけではなく、自分なりのものの見方、考え方を表現していかなくてはいけないいんじゃないかな。そういうふうに思って出合ったのが、谷川俊太郎さんが作詞して、武満徹さんが作曲した「死んだ男の残したものは」でした。「戦争は何も残さない」というメッセージが込められた六コーラスの歌です。

死んだ男の残したものは
ひとりの妻とひとりの子ども
他には何も残さなかった
墓石ひとつ残さなかった

二十代で出会って、いつか歌いたいなと思い、それから歌い出すようになり、また歌わない時期があり……。とても力を要する歌で、以前は力いっぱい歌っていましたが、歳を重ねるにしたがって、それも変わってきました。私のメッセージソングとして、ずっと歌い続けていきたい曲です。

森繁パパの「オホーツクの舟唄」

私の大切なレパートリーの一つが「オホーツクの舟唄」です。森繁久彌さんから、「これを歌えよ」と言われて、それ以来、コンサートでも歌っています。

一九七五年、東宝ミュージカル『屋根の上のバイオリン弾き』に、森繁さんの当たり役テヴィエの次女ホーデルの役で出演したときでした。

SKDからすぐに映画に移った私は、浅草国際劇場のように大きな舞台での経験は、ほんの少ししかありません。舞台で森繁さんのお芝居を間近で目にする貴重な機会でした。森繁さんは、映画のリアルな演技とは違って、目は冷静でいながらも顔の表情も体の動きも、いわば型をきちんとつくって表現されています。

舞台のお芝居ってこういうふうにやるんだ、映画と舞台ではこんなに表現の仕方が違うんだ、と毎日が発見の連続でした。

森繁さんにはとてもかわいがっていただきました。食事に連れていってもらったり映画の話を伺ったりと楽しい時を過ごし、私は森繁さんを舞台と同じように「パパ」と呼ぶようになっていました。

千秋楽の一週間ほど前に、森繁さんが楽屋にギターを持ち込んで、譜面を見ながら歌い出しました。

オホーツクの海原
ただ白く　凍て果て
命あるものは　暗い雪の下
春を待つ心　ペチカに燃やそ
哀れ東《ひんがし》にオーロラかなし

メロディーはヒットした「知床旅情」です。森繁さんはこちらの詞を最初につくったけれど、売れなかったそうです。

「チコ、おれはこっちのほうが好きだから、これを歌えよ」

歌い始めたころは、まだ自分の中で歌のイメージをはっきりつかめていませんでした。でも毎年、北海道に通うようになってから、知床の冬の厳しさと春の訪れを持つ気持ちに触れるようになりました。

「オホーツクの舟唄」も、私にとってはメッセージソングです。言葉で伝えるのが苦手な私にとって、歌は唯一細々ながらも自分の生き方を表現できる方法です。

寅さんの少年時代

私は映画の中で何度か歌を歌っていますが、『男はつらいよ』シリーズの中で、さくらさんが歌を歌うシーンは二カ所だけです。幼いころから歌が大好きだったさくらさんは、SKD入団を夢見ていました。

一つは第十六作『葛飾立志篇』（一九七五年）冒頭の寅さんの夢のシーンで、「さくらのバラード」（山田洋次作詞、山本直純作曲）を西部劇風の替え歌にして歌います。それから第八作『寅次郎恋歌』（一九七一年）で歌う「かあさんの歌」（窪田聡作詞・作曲）。

おいちゃんとけんかして不機嫌なお兄ちゃんは、テキヤ仲間と酔っ払って夜中に帰ってきて、さくらに歌を歌うよう要求します。おいちゃんやおばちゃんが止めても、

「うるせえなぁ、このくそじじい、だまってろ！」

と怒鳴るお兄ちゃんに、さくらは、

「いいわ、歌うわよ」

と言って、半泣きで「かあさんの歌」を歌います。

〝かあさんが夜なべをして……〟

最初ははやし立てていたお兄ちゃんも、さくらの哀しげな歌声に静かになって、やがて神妙な顔でぽつりと言います。

「さくら、すまなかったな、おいちゃんたちに謝ってくれよ」

黙って出ていくお兄ちゃん。とても哀切なシーンです。

この歌を聞くと、おいちゃん役だった森川信さんを思い出します。この映画が終わったときに、森川さんから聞かれました。

「チエちゃん、あの歌、レコードにないの？」

この歌が大好きな森川さんは、

「うちのバカ娘にちゃんと聞かせたいんだよ」

とおっしゃるので、「かあさんの歌」を収録したＬＰレコードを差し上げました。

コンサートでは、「さくらのバラード」や『男はつらいよ』の主題歌（星野哲郎作詞、山本直純作曲）も歌います。「俺がいたんじゃお嫁にゃ行けぬ」と歌い出すバージョンです。

さくらさんは第一作で早くもお嫁に行ってしまいますが、『男はつらいよ』は、もともとは寅さんとさくらさんの兄妹を描いた物語。映画になる前のテレビドラマの仮タイトルは『愚兄賢妹』でした。

ステージでは、山田さんが寅さんの少年時代を小説にした『けっこう毛だらけ』の一部を私が朗読することもあります。小説の語り手は寅さんです。

「……しんしんと雪の降る静かな真夜中だと思ってくださいまし。柴又帝釈天《たいしゃくてん》の参道の中程にある私の実家の古ぼけた団子屋、その軒先で赤ん坊の泣き声がする。家の者が戸を開けてみて驚いた。雪の中に籠が置いてあり、その中に布団にくるまれた赤ん坊が腹を減らしてピーピー泣いている。実はそれが私なんでございますよ……」

もともとＤＶＤマガジン『男はつらいよ 寅さん』（講談社）に連載したものを、二〇一一年四月から文化放送の「みんなの寅さん」という企画の中で私が朗読しました。

寅さんの妹への思いを歌った歌、寅さんが少年時代を振り返った物語を、さくらさんを演じた私が歌い、語るところが面白いのかなあ、などと自分では思っています。

ステージでのゾーン体験

「舞台でお芝居をするときは、自分のほかにもう一人の自分がいる」

第四章で紹介した山本安英さんの言葉です。

じゃあ歌はどうなんだろう。歌の世界にどっぷりつかってしまって、そのまま歌ったら、ただそれだけのことなんだと思います。その世界につかっても、必ずどこかに冷静な目で見ている自分がいないと――。

コンサートのステージに立つと、そのことがよくわかります。幕が上がりステージに出ていくと、客席からお客さんの気がいちどきに押し寄せてきます。その風圧に負けないように、しっかりと立って歌わなければいけません。

歌っているうちに、もう一人の私が「倍賞さん、大丈夫、大丈夫」と言いながら、歌っている自分を客席の後ろから見ていたり、もう一人の私を通してお客さんが見えたりします。

このもう一人の私がちゃんといると、冷静に自分をコントロールしているので、歌もうまくコントロールできます。もう一人の私を感じると、歌っていても歌がすごく変わることがわかります。歌に集中して、さまざまな表現ができるのです。

逆に、もう一人の私がいないと、やたらとお客さんのほうにこちらから出かけていく、というか、言ってみれば媚《こ》びを売ってしまうような歌い方になってしまいます。

ある日、ステージで歌っているときに、もう一人の私がいました。

お客さんが向こう側にいて、私は舞台で歌っています。歌ったことによって、お客さんが反応するさまが、もう一人の私の目からはっきりと見えました。そして、自分をコントロールして、たとえばお客さんがふっと笑ったことに対する反応がすっとできる。私はこのままどんなことでもできてしまう。このままどこかに行ってしまうんじゃないかな、そう思うくらいの鮮烈な体験でした。

マラソン中にランニングハイという状態になったり、スポーツ選手がゾーンという状態に入ったりすると

コンサートでは、もう一人の自分を感じて歌いたいな、と思っています

きがあるそうですが、五十年ほどステージに立ってきて、そんな瞬間が何度かありました。

縁とは不思議なもの

女優のかたわら、ずっとコンサート活動を続けてきましたが、歳を重ねると以前のようにのびやかに声が出なくなります。「下町の太陽」もキーが高くて、一年間まったく歌わない時期がありました。

一九八五年に久々のリサイタルを開いたときに、ボニージャックスのみなさんに紹介していただいた作曲家の小六禮次郎さんにアレンジをお願いして、キーを低くした新たな「下町の太陽」を歌うようになりました。

二十代のころは、下町の縁側に座っている女の子が、洗いざらしのシャツを着て、こぼれそうな涙をこらえて元気に歌いあげている、そんな歌い方。今はそんな女の子を思い浮かべながら、歳を重ねた女が歌っている歌い方。自分の歩みがそこに降り積もっています。

いつでしたか、アルバムのレコーディングのとき、お互いに譲らず、彼が先に帰り、私が後にスタジオを去るなんてこともありました。でも縁とは不思議なものですね。その後、私たちは公私ともに行動を共にするようになり、一九九三年に結婚することになります。

さらに新しいコンサートのスタイルを模索していたときに出会ったのが、童謡の研究をしていた合田道人さんでした。私と小六さんとの夫婦二人のコンサートは合田さんに構成をお願いし、私の歌の原点である童謡をたくさん盛り込むことになりました。

抒情歌や童謡を歌っていた若いころは、正確なテンポと歌声できれいに歌いあげていましたが、それぞれの歌の背景を知ると、歌い方はまったく違ってきます。

たとえば私がのど自慢で歌った「里の秋」（斎藤信夫作詞、海沼實作曲）は、たんに「静かな里の秋」を歌ったものではなくて、星空を眺めながら、母親と一緒に南の島に戦争に行った父親の無事を祈るという内容でした。

「シャボン玉」（野口雨情作詞、中山晋平作曲）は、雨情が幼くして亡くなった娘のことを思って書いたとも言われ、「赤い靴」（野口雨情作詞、本居長世作曲）に出てくる女の子は、北海道の開拓農民の娘だという説があります。

流行歌にしても、菊地章子さんが歌った「星の流れに」（清水みのる作詞、利根一郎作曲）は、終戦直後の生活苦から身を売る女性の思いを歌ったものです。タイトルは、もともと歌詞の中に合った「こんな女に誰がした」だったけれど、当時のＧＨＱの反対で、このタイトルに。そんなことを知ると、この歌の悲惨さがかえって身に沁みます。

「リンゴの唄」「港が見える丘」「東京ブギウギ」「胸の振り子」「東京の花売り娘」……。戦争が終わった直後に私たちが口ずさんでいた歌は、その背後に時代を映した物語を背負い、当時を生きた人たちの生き方と思いが宿っています。

そのことに思いをはせると、よく知られている歌も「もっと自由に歌っていいんだ」と思えるようになりました。「かごめかごめ」をバラード風に歌ってもいいし、「五木の子守歌」をシャンソン風に歌ってもいい。二十代と七十代では歌い方も違って当然です。

宮崎駿監督のアニメ『ハウルの動く城』（二〇〇四年）の主題歌「世界の約束」（谷川俊太郎作詞、木村弓作曲）も、持ち歌の一つになりました。呪いで老婆にされたヒロインの少女ソフィーの声を演じたのです。お願いして、相手役の木村拓哉さんと一度だけ一緒にセリフを入れたときは、もう少女のようにドキドキしたなぁ。

「緊張感のある心地よさ」に心が躍る

コンサートのあり方が変わった一つのきっかけは、乳がんの手術です。二〇〇一年、六十歳のときでした。

北海道の別荘のベランダで雪かきをしているときに、右乳下にしこりがあることに気づき、地元で検査したら「異常なし」。泣いて喜んだけれど、念のために東京の病院で再検査したところ悪性とわかって、すぐに手術になりました。

手術室までは平気でした。看護師さんがクラシックをかけてくれ、執刀医の先生が、

「僕は倍賞さんの歌、大好きなんですよ」と言うので
「そうですか、じゃあ何か歌いましょうか」

と「下町の太陽」を歌い始めました。歌っているうちに突然不安になって、ボロボロ涙が流れて止まりません。それでも看護師さんの手を握りしめながら、麻酔が効いて一番の途中まで歌ったことは覚えているけれど、気がついたときにはもう手術は終わっていました。

大きな体験でした。でも仕事に支障をきたすこともなかったので、手術のことはことさら話すつもりも隠すつもりもありませんでした。

それまで私は自分のことについて語ることが好きではなかったんですが、手術のあとは自分の経験や思いを自らのうちに留めておくのではなく、コンサートでもすべてさらけ出して表現するようになりました。

乳がんの手術を受けた山田邦子さんが、がんで苦しむ人たちや家族を励まそうとつくった「スター混声合唱団」にも二〇〇八年の結成からメンバーに加わり、各地のコンサートにも

参加しています。

だから乳がん体験は、私をまた違うステージに導いてくれたんだと思っています。

映画は監督さんのものですが、コンサートは自分が好きな歌を歌い、合間に挟むちょっとしたおしゃべりを含めて、自分を表現することができます。私のメッセージを伝えることができます。それが楽しくて、コンサートの回数も増えました。

幼いころの原点である歌手生活に戻ったといえるのかもしれません。自己表現というものには責任が伴うけれど、その一方で自由です。その「緊張感のある心地よさ」に今は心が躍ります。

亡くなった母のおっぱい

これまで身近で亡くなる人たちを数多く見送ってきました。

母は肺がんで一九八八年に他界しました。余命半年と宣告されて、半年後にきょうだい五人全員が見守る中で息を引き取りました。母が病室を出ることになったときに私は思わず、

「ちょっと待ってください」

とお願いしていました。そして、もう動かなくなった母のおっぱいを口に含んで吸いまし

た。なぜだかわからないけれど、衝動的にそうしていたのです。

私が小さなころから母は働いていたし、私の仕事のことも気にかけていてくれ、母娘というよりも、どこか仕事仲間のようなところがあって、ゆっくり母娘らしい話をしたこともなかったような気がします。だから仕事に関係のないお母さんがほしかった。甘えたかったんでしょうか。母のおっぱいを吸ったとき、初めて母と娘になれたような、そんな気がしました。

喉頭がんだった父は一九九五年、家族全員に見守られて逝きました。父は最期におしめをしていたので、「父を偲《しの》ぼう」と葬式後に親族の男たちはみんな、洋服の上から紙おむつをしてワイワイやってにぎやかに。おいちゃんの口癖を借りると「バカだね〜」。

父と同じ年に肺がんで亡くなったカメラマンの高羽さんは、病床で血を吐いて、もうなすすべもなく見送るかたちでした。渥美さんが亡くなる前の年でした。

そして渥美清さんも高倉健さんも、私の知らないところで逝ってしまいました。

親しくしていた川島なお美さんは直前まで舞台に立っていました。病院に駆けつけたときはもう間に合いませんでした。触るとまだ背中がふっと温かくて、ああこういうきれいな別れもあるんだなと思いました。

亡くなった二〇一五年の夏に、彼女は愛犬のココとシナモンを、私が過ごす北海道の別荘まで一泊の日程で連れて来ました。「シナモンは病気で長く生きられないから広い牧草地で遊ばせたい」と言うのです。

私はその少し前に、十六年半もの間、一緒に過ごしてきた柴犬の三郎を看取っていたので気持ちはわかるけれど、わずか一泊なんて。でも「どうしても」と。

晴れた日の草原で、私は老いたシナモンを抱っこして、彼女はココと一緒にチョウチョウのようにひらひら遊んでいました。シナモンはそのあとすぐに逝き、彼女の体調もどんどん悪くなって。

なお美ちゃんは自分の運命をどこかでわかっていたのかな。だからシナモンにかこつけて会いに来たのかな。

とてもピュアで芯のしっかりした彼女は、女優の道を探っていました。『霧の旗』の桐子をきっと魅力的に演じられると思う、弁護士を酔わせて誘惑するシーンなんてぞっとするほどいいんじゃない？　彼女にそう言ったら、「いつか絶対やりたい」と話していたのに――。

俳優は亡くなったあとも、生きている姿がずっと映像として残ってみんなに見られる、そういう職業なんですね。あるときから自分はもう絶対ここにはいないのに、動いている自分が残ることがうまく理解できません。身近な人の死に際しても「もう、あの人はいないんだ」と自分に言い聞かせるけれど、やっぱり何かよくわからない。うまく納得できません。

私がよく行くお蕎麦屋《そばや》さんがあって、そこに来る百歳近いお坊さんに尋ねたことがあります。

「人間が死ぬってどういうことなんでしょうか?」

友人とその蕎麦屋さんに行くと、時々一緒になる近所のお寺のお坊さん。色紙に細い文字で般若心経をすべて書く方でした。以前から会ったときに尋ねてみようと思っていたのです。そういう問いが、生まれる心境だったんでしょう。

お坊さんの答えはひと言。

「生きることですよ」

え? 死ぬことは生きること? もっと何か違うことを言われるかと思ったので、あっけにとられたような、意表を突かれたような答えでした。

人が死んで悲しいという状況は、誰にでも起こることですね。自分もいつか死に出会うけれど、どういうかたちで出会うのだろう。病気だろうか、それとも事故だろうか。いつどこで何が起きるかなんてわからないから、どういう亡くなり方をするのかを考えていたころのことでした。

死ぬことは生きること。でも確かにそうかもしれません。

どういう死に方をするのかはわからなくても、病気になっても事故に遭っても、死ぬまではとにかく生きるということだけはわかっています。では死ぬまでどういうふうに生きていくのか。問題は命が尽きるまでの生き方です。

そのお坊さんもすでに亡くなられました。生きる中では苦しいことやいやなことがあるけれど、それとどう向き合っていくのかが、生きることであり死ぬことなのかな、と思ったりします。でもどうせ生きるなら一日一分一秒でも楽しいほうがいい。

本当に怒りたいときは怒ればいいし、本当に悲しいときは悲しめばいいと思うけれど、でもできることなら、日々を気持ちよく、楽しく過ごせたらと思います。

そのためには日々をちゃんと生きること。今このときを後悔のないよう大切に生きること。だって今は今しかないから。年ごとにその思いは確かになっています。

若いころは勢いで生きてきました。目の前のことにしゃかりきになって突っ走って。でも歳をとると、散歩ひとつにしても歩く速さが変わってきます。一歩一歩確かめながら歩いていかなければ。

人と人との関わり方もそう。私は人との出会いによってここまで来たのに、忙しかったころは、「こんにちは」「あ、どうも」「握手を」「はい。じゃあ、さようなら」で通りすぎていました。

でもこれからは、その人の目を見て話し、手のぬくもりを覚え、一つひとつ大切に人と出会っていきたいと心しています。

人との出会いで人は変わる

いまだに幕が開く前は緊張します。ステージの袖で待っていると、マイクを持つ手が震え、心臓がせり上がってくるように感じます。

今、歌う曲は、だいたい自分で選んでいます。伝えたいメッセージを書き出して構成作家さんに台本を書いてもらいます。私がこれまで生きてきて、その歌を通してどんなことを感じたのか。これからどんなふうに生きていくのか。九十分ほどの間、私の歌に自分のメッセージをすべて込めています。

幕が開いて、お客さんの目と耳と心を感じます。

女性が語る内容の歌ならば、私はその女性と少しずつ会話をしていきます。つらかったね、悲しかったね。がんばったね。彼女はどんなふうに生きていて、何を思っているのか。彼女の魂を感じるために、私の中に彼女を引き込み、私も彼女の中に入っていきます。お互いの気持ちに触れあえたら、と願って。そして、私たち二人がお客さんの心の中に静かに入っていけたら、と願って。

ピアノ伴奏の小六さんと二人でステージに立ち、時々、気の合うゲストを招いて、もう四半世紀になります。近ごろは私と小六さんとのやりとりが夫婦《めおと》漫才になってきた、と言われます。

歌うことって、こんなに楽しいのかな。最近はそんなふうに感じます。何かが自分の中ですごく変わってきました。もう一人の私が、歌っている私を少しずつコントロールできるようになったようです。

歌ったりしゃべったりしているうちに、ふっと楽しくなる。お客さんの拍手や笑い声でどんどん歌が変わっていく。私の歌とお客さんの反応との相乗作用によって、会場全体が熱を帯びてくるのです。

人との出会いによって人は変わっていきます。私もそうでした。そして、ステージの場合は何百人、何千人と出会えるのです。これからどんな素敵な人に出会って、どんなふうに変わっていけるでしょうか。

私は自分の前には父母をはじめとして多くの人たちがつけてくれた道があって、その道をただひたすら前を見て歩いてきました。

でも、道は初めからあるわけではありません。自分が歩いてきたことが道になるのだから。道は自分で切り拓いていくものでもあったはずです。

その意味で、私は女優になるべくしてなり、歌手になるべくしてなったんだと思っています。これから私は自分で土を踏みならし、自分の道を自分でつけていこうと思っています。

映画はカチンコが鳴って、「はい、お疲れさま」で終わるけれど、人生はそうはいきませんよね。自然体で無理せず、がまんせず、がんばらず。そして、時々少しがんばろうかな。

おわりに

二〇一七年三月二十五日、私は葛飾の柴又駅前の広場にいました。さくらさんの銅像の除幕式に出席するためです。

駅前には寅さんの銅像が立っています。いつものように旅に出る寅さんが故郷をなつかしく振り向いた姿が一九九九年に完成しました。そのときからみなさんに親しまれてきましたが、

「寅さんのそばには、やっぱりさくらがいてほしい」

という声がたくさん寄せられて、さくらさんの銅像が立つことになったそうです。

晴れあがった気持ちのいい日でした。広場は人であふれています。お披露目されたのは、振り向いた寅さんの視線の数メートル先に、少し心配そうにお兄ちゃんを見送るエプロン姿のさくらさん。なんだか自分の妹を見ているようです。

台座には山田さんがこの「対の銅像」に寄せた短いシナリオが記されています。

「それじゃあ、お兄ちゃん、身体に気をつけてね」
「ああ……おい」
「なあに」
「満男に一生懸命勉強しろと言っとけよ」
「うん、わかった」

寅さんも渥美さんも思いをそのまま表す人ではなかったけれど、やっぱり「おまえ、身体に気をつけろよ」「幸せになれよ」と心配しているのかな。銅像のさくらさんは「お兄ちゃん、もう寂しくないよ、私がいるからね」と心の中で呼びかけているような気がします。銅像の制作中、許しをいただいて、さくらさんの左サンダルに小さな字で「さくら」、右サンダルに千恵子の「ち」と書きました。柴又にお出かけの際は確かめてみてください。

私は過去を振り返るのは、あまり好きではありません。今が大事なんだから、過ぎたことは忘れて前を向いて歩いていこう――。トロフィーや賞状は早々としまって、書き込みをした台本も処分する話はもう書きましたね。レコードの録音も苦手。自分の痕跡はあまり残したくないんです。

だから銅像の話を最初に伺ったときは驚いて、思わず山田監督に伺いました。

「私、まだ生きているのに銅像なんてヘンじゃないですか？」

すると、山田さんからこんな答えが返ってきました。

「倍賞君、それは違うよ。これは倍賞千恵子さんの銅像ではなく、諏訪さくらさんの銅像なんだから」

ああ、そうか、そうですね。すとんと胸に落ちました。

まだ若かったころは振り返る余裕がなくて、今ここから前を向いて進んでいけばいいと思っていたけれど、七十歳を超えたころから、立ち止まって後ろを振り返ることも大事なのかなと思うようになりました。

この本を書くことも最初は迷っていたけれど、夫から、

「やってみたら。自分について何か新しい発見があるかもしれないよ」

と背中を押され、踏み出してみました。

記憶をたぐり寄せて言葉に表していくと、人との出会いにしても、作品との巡り合いにし

ても、けっこうしっかりと思いを留めていて、自分の中で切り捨ててはいなかったんだと感じます。

私がこれまでどんなふうに役を演じてきたかについても、こうして初めて言葉にしてみると、倍賞千恵子流の演じ方というか、私なりの役のつくり方があったんだな、と気づかされました。そして、それは人との出会いによって進化してきたことをあらためて確かめる機会にもなりました。

だから、この本は私が女優として、歌手として生きてきたひとつの証しなのでしょうし、私がこれから生きていくうえで、もしかしたら大切な道しるべになるかもしれないな、と思っています。

編集協力＝片岡義博
メディアプレス

PHP新書
PHP INTERFACE
http://www.php.co.jp/

倍賞千恵子［ばいしょう・ちえこ］

1941年、東京生まれ。60年、松竹音楽舞踊学校を首席で卒業。同年、松竹歌劇団（SKD）へ入団。61年、松竹にスカウトされ松竹映画『斑女』でデビュー。62年、「下町の太陽」でレコード大賞新人賞を受賞。69年、映画部門では4人目の芸術選奨文部大臣賞を受賞。『男はつらいよ』シリーズのさくら役に代表される庶民派女優として、また歌手としても活躍。

著書に『お兄ちゃん』（廣済堂出版）、『風になって、あなたに会いにいきます――倍賞千恵子こころのうた』（駒草出版）など。

倍賞千恵子の現場

PHP新書 1103

二〇一七年 七 月二十八日 第一版第一刷
二〇一七年十一月 十 日 第一版第六刷

著者――倍賞千恵子
発行者――後藤淳一
発行所――株式会社PHP研究所
東京本部――〒135-8137 江東区豊洲5-6-52
第一制作部 ☎03-3520-9615（編集）
普及部 ☎03-3520-9630（販売）
京都本部――〒601-8411 京都市南区西九条北ノ内町11
組版――有限会社メディアネット
装幀者――芦澤泰偉＋児崎雅淑
印刷所
製本所――図書印刷株式会社

ISBN978-4-569-83660-7

ＰＨＰ新書刊行にあたって

「繁栄を通じて平和と幸福を」（PEACE and HAPPINESS through PROSPERITY）の願いのもと、ＰＨＰ研究所が創設されて今年で五十周年を迎えます。その歩みは、日本人が先の戦争を乗り越え、並々ならぬ努力を続けて、今日の繁栄を築き上げてきた軌跡に重なります。

しかし、平和で豊かな生活を手にした現在、多くの日本人は、自分が何のために生きているのか、どのように生きていきたいのかを、見失いつつあるように思われます。そして、その間にも、日本国内や世界のみならず地球規模での大きな変化が日々生起し、解決すべき問題となって私たちのもとに押し寄せてきます。

このような時代に人生の確かな価値を見出し、生きる喜びに満ちあふれた社会を実現するために、いま何が求められているのでしょうか。それは、先達が培ってきた知恵を紡ぎ直すこと、その上で自分たち一人一人がおかれた現実と進むべき未来について丹念に考えていくこと以外にはありません。

その営みは、単なる知識に終わらない深い思索へ、そしてよく生きるための哲学への旅でもあります。弊所が創設五十周年を迎えましたのを機に、ＰＨＰ新書を創刊し、この新たな旅を読者と共に歩んでいきたいと思っています。多くの読者の共感と支援を心よりお願いいたします。

一九九六年十月

ＰＨＰ研究所

PHP新書

［人生・エッセイ］

263 養老孟司の〈逆さメガネ〉　養老孟司
340 使える！『徒然草』　齋藤　孝
377 上品な人、下品な人　山﨑武也
507 頭がよくなるユダヤ人ジョーク集　烏賀陽正弘
600 なぜ宇宙人は地球に来ない？　松尾貴史
742 みっともない老い方　川北義則
763 気にしない技術　香山リカ
827 直感力　羽生善治
859 みっともないお金の使い方　川北義則
873 死後のプロデュース　金子稚子
885 年金に頼らない生き方　布施克彦
900 相続はふつうの家庭が一番もめる　曽根恵子
930 新版 親ができるのは「ほんの少しばかり」のこと　山田太一
938 東大卒プロゲーマー　ときど
946 いっしょうけんめい「働かない」社会をつくる　海老原嗣生
960 10年たっても色褪せない旅の書き方　轡田隆史
966 オーシャントラウトと塩昆布　和久田哲也
1017 人生という作文　下重暁子
1055 なぜ世界の隅々で日本人がこんなに感謝されているのか　布施克彦／大賀敏子
1067 実践・快老生活　渡部昇一

［文学・芸術］

258 「芸術力」の磨きかた　林　望
343 ドラえもん学　横山泰行
415 本の読み方 スロー・リーディングの実践　平野啓一郎
421 「近代日本文学」の誕生　坪内祐三
497 すべては音楽から生まれる　茂木健一郎
519 團十郎の歌舞伎案内　市川團十郎
578 心と響き合う読書案内　小川洋子
581 ファッションから名画を読む　深井晃子
588 小説の読み方　平野啓一郎
731 フランス的クラシック生活　ルネ・マルタン［著］／高野麻衣［解説］
781 チャイコフスキーがなぜか好き　亀山郁夫
820 心に訊《き》く音楽、心に効く音楽　高橋幸宏
843 仲代達矢が語る 日本映画黄金時代　春日太一
905 美　福原義春
913 源静香は野比のび太と結婚するしかなかったのか　中川右介
916 乙女の絵画案内　和田彩花

949 肖像画で読み解くイギリス史 齊藤貴子
951 棒を振る人生 佐渡 裕
959 うるわしき戦後日本 ドナルド・キーン／堤 清二(辻井 喬)[著]
1009 アートは資本主義の行方を予言する 山本豊津
1021 至高の音楽 百田尚樹
1030 ジャズとエロス 牧山純子
1035 モネとジャポニスム 平松礼二
1038 山本周五郎で生きる悦びを知る 福田和也
1052 生きてるぜ！ ロックスターの健康長寿力 大森庸雄

［歴史］

061 なぜ国家は衰亡するのか 中西輝政
286 歴史学ってなんだ？ 小田中直樹
505 旧皇族が語る天皇の日本史 竹田恒泰
591 対論・異色昭和史 鶴見俊輔／上坂冬子
663 日本人として知っておきたい近代史［明治篇］ 中西輝政
734 謎解き「張作霖爆殺事件」 加藤康男
738 アメリカが畏怖した日本 渡部昇一
748 詳説〈統帥綱領〉 柘植久慶
755 日本人はなぜ日本のことを知らないのか 竹田恒泰
761 真田三代 平山 優
776 はじめてのノモンハン事件 森山康平
784 日本古代史を科学する 中田 力
791 『古事記』と壬申の乱 関 裕二
848 院政とは何だったか 岡野友彦
865 徳川某重大事件 徳川宗英
903 アジアを救った近代日本史講義 渡辺利夫
922 木材・石炭・シェールガス 石井 彰
943 科学者が読み解く日本建国史 中田 力
968 古代史の謎は「海路」で解ける 長野正孝
1001 日中関係史 岡本隆司
1012 古代史の謎は「鉄」で解ける 長野正孝
1015 徳川がみた「真田丸の真相」 徳川宗英
1028 歴史の謎は透視技術「ミュオグラフィ」で解ける 田中宏幸／大城道則
1037 なぜ二宮尊徳に学ぶ人は成功するのか 松沢成文
1057 なぜ会津は希代の雄藩になったか 中村彰彦
1061 江戸はスゴイ 堀口茉純
1064 真田信之 父の知略に勝《まさ》った決断力 平山 優
1071 国際法で読み解く世界史の真実 倉山 満
1074 龍馬の「八策」 松浦光修
1075 誰が天照大神を女神に変えたのか 武光 誠
1077 三笠宮と東條英機暗殺計画 加藤康男

1085 新渡戸稲造はなぜ『武士道』を書いたのか　草原克豪
1086 日本にしかない「商いの心」の謎を解く　呉 善花
1096 名刀に挑む　松田次泰
1097 戦国武将の病《やまい》が歴史を動かした　若林利光

［社会・教育］

117 社会的ジレンマ　山岸俊男
335 NPOという生き方　島田 恒
418 女性の品格　坂東眞理子
495 親の品格　坂東眞理子
504 生活保護vsワーキングプア　大山典宏
522 プロ法律家のクレーマー対応術　横山雅文
537 ネットいじめ　荻上チキ
546 本質を見抜く力――環境・食料・エネルギー　養老孟司／竹村公太郎
586 理系バカと文系バカ　竹内 薫［著］／嵯峨野功一［構成］
602 「勉強しろ」と言わずに子供を勉強させる法　小林公夫
618 世界一幸福な国デンマークの暮らし方　千葉忠夫
621 コミュニケーション力を引き出す　平田オリザ／蓮行
629 テレビは見てはいけない　苫米地英人
632 あの演説はなぜ人を動かしたのか　川上徹也
681 スウェーデンはなぜ強いのか　北岡孝義
692 女性の幸福［仕事編］　坂東眞理子
706 日本はスウェーデンになるべきか　高岡 望
720 格差と貧困のないデンマーク　千葉忠夫
741 本物の医師になれる人、なれない人　小林公夫
780 幸せな小国オランダの智慧　紺野 登
783 原発「危険神話」の崩壊　池田信夫
786 新聞・テレビはなぜ平気で「ウソ」をつくのか　上杉 隆
789 「勉強しろ」と言わずに子供を勉強させる言葉　小林公夫
792 「日本」を捨てよ　苫米地英人
819 日本のリアル　養老孟司
823 となりの闇社会　一橋文哉
828 ハッカーの手口　岡嶋裕史
829 頼れない国でどう生きようか　加藤嘉一／古市憲寿
832 スポーツの世界は学歴社会　橘木俊詔／齋藤隆志
847 子どもの問題　いかに解決するか　岡田尊司／魚住絹代
854 女子校力　杉浦由美子
857 大津中2いじめ自殺　共同通信大阪社会部
858 中学受験に失敗しない　高濱正伸
869 若者の取扱説明書　齋藤 孝
870 しなやかな仕事術　林 文子
872 この国はなぜ被害者を守らないのか　川田龍平

875 コンクリート崩壊　溝渕利明
879 原発の正しい「やめさせ方」　石川和男
888 日本人はいつ日本が好きになったのか　竹田恒泰
896 著作権法がソーシャルメディアを殺す　城所岩生
897 生活保護vs子どもの貧困　大山典宏
909 じつは「おもてなし」がなっていない日本のホテル　桐山秀樹
915 覚えるだけの勉強をやめれば劇的に頭がよくなる　小川仁志
919 ウェブとはすなわち現実世界の未来図である　小林弘人
923 世界「比較貧困学」入門　石井光太
935 絶望のテレビ報道　安倍宏行
941 ゆとり世代の愛国心　税所篤快
950 僕たちは就職しなくてもいいのかもしれない　岡田斗司夫 FRREex
962 英語もできないノースキルの文系は
これからどうすべきか　大石哲之
963 エボラvs人類　終わりなき戦い　岡田晴恵
969 進化する中国系犯罪集団　一橋文哉
974 ナショナリズムをとことん考えてみたら　春香クリスティーン
978 東京劣化　松谷明彦
981 世界に嗤われる日本の原発戦略　高嶋哲夫
987 量子コンピューターが本当にすごい　竹内　薫／丸山篤史［構成］
994 文系の壁　養老孟司
997 無電柱革命　小池百合子／松原隆一郎
1006 科学研究とデータのからくり　谷岡一郎
1022 社会を変えたい人のためのソーシャルビジネス入門　駒崎弘樹
1025 人類と地球の大問題　丹羽宇一郎
1032 なぜ疑似科学が社会を動かすのか　石川幹人
1040 世界のエリートなら誰でも知っているお洒落の本質　干場義雅
1044 現代建築のトリセツ　松葉一清
1046 ママっ子男子とバブルママ　原田曜平
1059 広島大学は世界トップ100に入れるのか　山下柚実
1065 ネコがこんなにかわいくなった理由　黒瀬奈緒子
1069 この三つの言葉で、勉強好きな子どもが育つ　齋藤　孝
1070 日本語の建築　伊東豊雄
1072 縮充する日本　「参加」が創り出す人口減少社会の希望　山崎　亮
1073 「やさしさ」過剰社会　榎本博明
1079 超ソロ社会　荒川和久
1087 羽田空港のひみつ　秋本俊二
1093 震災が起きた後で死なないために　野口　健
1098 日本の建築家はなぜ世界で愛されるのか　五十嵐太郎

［経済・経営］

187 働くひとのためのキャリア・デザイン　金井壽宏
379 なぜトヨタは人を育てるのがうまいのか　若松義人
450 トヨタの上司は現場で何を伝えているのか　若松義人
543 ハイエク 知識社会の自由主義　池田信夫
587 微分・積分を知らずに経営を語るな　内山 力
594 新しい資本主義　原 丈人
620 自分らしいキャリアのつくり方　高橋俊介
752 日本企業にいま大切なこと　野中郁次郎／遠藤 功
852 ドラッカーとオーケストラの組織論　山岸淳子
882 成長戦略のまやかし　小幡 績
887 そして日本経済が世界の希望になる
ポール・クルーグマン［著］／山形浩生［監修・解説］／大野和基［訳］
892 知の最先端　クレイトン・クリステンセンほか［著］／大野和基［インタビュー・編］
901 ホワイト企業　高橋俊介
908 インフレどころか世界はデフレで蘇る　中原圭介
932 なぜローカル経済から日本は甦るのか　冨山和彦
958 ケインズの逆襲、ハイエクの慧眼　松尾 匡
973 ネオアベノミクスの論点　若田部昌澄
980 三越伊勢丹　ブランド力の神髄　大西 洋
984 逆流するグローバリズム　竹森俊平
985 新しいグローバルビジネスの教科書　山田英二
998 超インフラ論　藤井 聡
1003 その場しのぎの会社が、なぜ変われたのか　内山 力
1023 大変化――経済学が教える二〇二〇年の日本と世界　竹中平蔵
1027 戦後経済史は嘘ばかり　髙橋洋一
1029 ハーバードでいちばん人気の国・日本　佐藤智恵
1033 自由のジレンマを解く　松尾 匡
1034 日本経済の「質」はなぜ世界最高なのか　福島清彦
1039 中国経済はどこまで崩壊するのか　安達誠司
1080 クラッシャー上司　松崎一葉
1081 三越伊勢丹　モノづくりの哲学　大西 洋／内田裕子
1084 セブン-イレブン1号店　繁盛する商い　山本憲司
1088 「年金問題」は嘘ばかり　髙橋洋一

［政治・外交］

318・319 憲法で読むアメリカ史（上・下）　阿川尚之
426 日本人としてこれだけは知っておきたいこと　中西輝政
745 官僚の責任　古賀茂明
746 ほんとうは強い日本　田母神俊雄
807 ほんとうは危ない日本　田母神俊雄

826 迫りくる日中冷戦の時代　中西輝政
841 日本の「情報と外交」　孫崎 享
874 憲法問題　伊藤 真
881 官房長官を見れば政権の実力がわかる　菊池正史
891 利権の復活　古賀茂明
893 語られざる中国の結末　宮家邦彦
898 なぜ中国から離れると日本はうまくいくのか　石 平
920 テレビが伝えない憲法の話　木村草太
931 中国の大問題　丹羽宇一郎
954 哀しき半島国家　韓国の結末　宮家邦彦
964 中国外交の大失敗　中西輝政
965 アメリカはイスラム国に勝てない　宮田 律
967 新・台湾の主張　李 登輝
972 安倍政権は本当に強いのか　御厨 貴
979 なぜ中国は覇権の妄想をやめられないのか　石 平
982 戦後リベラルの終焉　池田信夫
986 こんなに脆い中国共産党　日暮高則
988 従属国家論　佐伯啓思
989 東アジアの軍事情勢はこれからどうなるのか　能勢伸之
993 中国は腹の底で日本をどう思っているのか　富坂 聰
999 国を守る責任　折木良一
1000 アメリカの戦争責任　竹田恒泰
1005 ほんとうは共産党が嫌いな中国人　宇田川敬介
1008 護憲派メディアの何が気持ち悪いのか　潮 匡人
1014 優しいサヨクの復活　島田雅彦
1019 愛国ってなんだ　民族・郷土・戦争
古谷経衡［著］／奥田愛基［対談者］
1024 ヨーロッパから民主主義が消える　川口マーン惠美
1031 中東複合危機から第三次世界大戦へ　山内昌之
1042 だれが沖縄を殺すのか　ロバート・D・エルドリッヂ
1043 なぜ韓国外交は日本に敗れたのか　武貞秀士
1045 世界に負けない日本　藪中三十二
1058 「強すぎる自民党」の病理　池田信夫
1060 イギリス解体、EU崩落、ロシア台頭　岡部 伸
1066 習近平はいったい何を考えているのか　丹羽宇一郎
1076 日本人として知っておきたい「世界激変」の行方　中西輝政
1082 日本の政治報道はなぜ「嘘八百」なのか　潮 匡人
1089 イスラム唯一の希望の国　日本　宮田 律
1090 返還交渉　沖縄・北方領土の「光と影」　東郷和彦

［**地理・文化**］
264 「国民の祝日」の由来がわかる小事典　所 功
465・466 ［決定版］京都の寺社505を歩く（上・下）
山折哲雄／槇野 修

592 日本の曖昧《あいまい》力　呉 善花
639 世界カワイイ革命　櫻井孝昌
650 奈良の寺社150を歩く　山折哲雄／槇野 修
670 発酵食品の魔法の力　小泉武夫／石毛直道［編著］
705 日本はなぜ世界でいちばん人気があるのか　竹田恒泰
757 江戸東京の寺社609を歩く 下町・東郊編
山折哲雄／槇野 修
758 江戸東京の寺社609を歩く 山の手・西郊編
山折哲雄／槇野 修
845 鎌倉の寺社122を歩く　山折哲雄／槇野 修
877 日本が好きすぎる中国人女子　櫻井孝昌
889 京都早起き案内　麻生圭子
890 反日・愛国の由来　呉 善花
934 世界遺産にされて富士山は泣いている　野口 健
936 山折哲雄の新・四国遍路　山折哲雄
948 新・世界三大料理
神山典士［著］／中村勝宏、山本豊、辻芳樹［監修］
971 中国人はつらいよ――その悲惨と悦楽　大木 康

［**心理・精神医学**］

053 カウンセリング心理学入門　國分康孝
065 社会的ひきこもり　斎藤 環
103 生きていくことの意味　諸富祥彦
171 学ぶ意欲の心理学　市川伸一
304 パーソナリティ障害　岡田尊司
364 子どもの「心の病」を知る　岡田尊司
381 言いたいことが言えない人　加藤諦三
453 だれにでも「いい顔」をしてしまう人　加藤諦三
487 なぜ自信が持てないのか　根本橘夫
550 「うつ」になりやすい人　加藤諦三
583 だましの手口　西田公昭
695 大人のための精神分析入門　妙木浩之
697 統合失調症　岡田尊司
796 老後のイライラを捨てる技術　保坂 隆
825 事故がなくならない理由《わけ》　芳賀 繁
862 働く人のための精神医学　岡田尊司
867 「自分はこんなもんじゃない」の心理　榎本博明
895 他人を攻撃せずにはいられない人　片田珠美
910 がんばっているのに愛されない人　加藤諦三
918 「うつ」だと感じたら他人に甘えなさい　和田秀樹
942 話が長くなるお年寄りには理由《わけ》がある　増井幸恵
952 プライドが高くて迷惑な人　片田珠美
953 なぜ皮膚はかゆくなるのか　菊池 新
956 最新版「うつ」を治す　大野 裕